CODE DE HAMMOURABI

ET

LIVRE DE L'ALLIANCE

CODE DE HAMMOURABI

ET

LIVRE DE L'ALLIANCE

PAR

Achille BOSCHERON

CAEN

IMPRIMERIE CHARLES VALIN

13, rue Écuyère, 13

1906

ERRATA

Page 28, ligne 13, lire : constituer un code,   et non : continuer un code.
» 43, » 5, » mariage monogame   » mariage monogamme.
» 47, » 32, » (art. 20). Il,   » (art. 20). I.
» 54, » 20, » cheriqtou,   » cheriptou.
» 54, » 25, » n'hérite pas.   » n'hésite pas
» 66, » 7, » droit israélite,   » droit istraélite.
» 70. » 19, » pour être.   » qour être
» 71, » 16 » en effet, il y avait,   » en effet, il avait.
» 72, » 20, » légiste hébreu.   » légiste bebreu.
» 78, » 3, » celui-ci,   » celui ci.
» 82, » 23, » défavorable,   » éfavorable.
» 85, » 32, » l'occasion.   » l'accasion.
» 86, » 30, » l'accusation,   » accusation.
» 88, » 19, » leurs travaux,   » leurs ravaux.
» 89, » 5, » les querelles,   » les querelle.
» 89, » 16, » Genèse 34,   » Genèse 434.
» 89, » 30, » les mauvais,   » es mauvais.
» 90, » 15, » dans le C. H.,   » dans le C; H.
» 91, » 1, » à l'égard,   » à l'égar.
» 93, » 12, » les fiançailles,   » les fiancailles.
» 95, » 28, » dans les,   » dan les.
» 96, » 5, » l'hypothèse d'indépendance,   » l'hypothèse d'undépendance.
» 96, » 8, » Ueber die,   » Uber die
» 96, » 23, » Un mélange.   » une mélange
» 97, » 7, » recueil.   » receuil.
» 98, » 28, » des ressemblances,   » des essemblances.
» 99, » 14, » fortement,   » fortements.
» 99, » 28, » dans le L. A.,   » dans Le L. A.
» 100, » 11, » laïque,   » aïque.
» 100, » 31, » d'arriver,   » d'arrivr.
» 101, » 14, » semblaient,   » semblaiet
» 103. » 1, » cette étude,   » cette tude.

BIBLIOGRAPHIE

Textes et versions :

Biblia hebraïca, édition de C. G. G. Theile. (Leipzig, 1902.)

La loi de Hammurabi, par le P. V. Scheil. (Paris, 1904.)

The oldest Code of Laws in the World, by C. H. W. Johns. (Edimbourg, 1903.)

Die Gesetze Hammurabis, von Hugo Winckler (Leipzig, 1904.)

Travaux sur l'Ancien Testament et le Livre de l'Alliance:

The documents of the Hexateuch, by W. E. Addis. (London, 1892.)

The Pentateuch, its origin and structure, by E. C. Bissel, (London, 1885.)

Les Sources du Pentateuque, par A. Westphal. Paris, 1892.)

Enleitung in das Alte Testament, von C. H. Cornill. (Friburg in Brisgau, 1891.)

Das Bundesbuch, von Bruno Baentsch (Halle a. S. 1892.)

Travail sur le Code de Hammurabi :

Uber die Gesetze Hammurabis, von D. H. Muller. (Wien, 1904.)

Travaux de comparaison des deux législations:

Babylone et la Bible, par Roger Bornand. (Bruxelles, 1903.)

Moses und Hammurabi, von Joh. Jeremias. (Leipzig, 1903.)

Ein assyriologischer Beitrag zur Babel-Bibel Frage, von
C. Bezold. (Tubingen und Leipzig, 1904.)
Theologie und Assyriologie im Streite um Babel und Bibel,
von Otto WEBER. (Leipzig, 1904.)
Das Gesetz Hammurabis und die Thora Israels, von S.
ŒTTLI. (Leipzig, 1903.)
The laws of Moses and the code of Hammurabi, by S. A.
COOK. (London, 1903.)

OUVRAGES GÉNÉRAUX :
Dictionnary of the Bible, edited by Hastings.(Edimburgh,
1903-1905.)
Encyclopedia biblica, edited by T. K. Cheyne:(London,
1901-1903.)
Histoire ancienne des peuples de l'Orient, par MASPERO.
(Paris, 1904.)

INTRODUCTION

En décembre 1901-janvier 1902, la mission française chargée, sous la conduite de M. de Morgan, d'opérer des fouilles archéologiques en Susiane, mit à jour un bloc de diorite noir en 3 fragments. Ces fragments rejoints et le bloc reconstitué, le P. Scheil, assyriologue distingué, se mit en devoir de déchiffrer les caractères cunéiformes dont il était couvert. On sut bientôt que l'on venait de faire l'une des découvertes les plus importantes, peut-être la plus importante de celles qui ont trait à l'Assyro-Babylonie, en mettant à jour ce monument, qui n'est autre qu'un code de lois, contenant 282 articles, plus une préface et une postface, le tout promulgué par le roi Hammourabi ; d'où le nom qu'on lui a donné de Code de Hammourabi. La signature même de ce code par Hammourabi permet de lui assigner pour date les environs de l'an 2200 avant J.-C. C'est actuellement le plus vieux code de lois connu. Pourquoi avoir entrepris d'en faire le sujet de cette thèse de baccalauréat ? C'est ce que nous voulons maintenant expliquer en quelques mots.

La découverte de ce code a remis en vogue la question connue, surtout de l'autre côté du Rhin, sous le nom de « Babel und Bibel ». C'est qu'en effet la question des rapports entre Babyloniens et Israélites et, partant, entre les écrits babyloniens et la Bible, est depuis longtemps à l'ordre du jour chez lesAssyriologues, qui sont sur ce point séparés en deux camps : les uns les panbabylonistes, qui croient que tout remonte aux Babyloniens et font des écrits bibliques les échos des pensées qui avaient cours en Babylonie. Les autres, appelons-les les biblicistes, qui déclarent que la Bible est, au contraire, un ensemble d'écrits originaux, présentant tout autre chose que le résultat de l'influence babylonienne, sans toutefois prétendre qu'elle ne se soit fait sentir à certaines époques de l'histoire politique et littéraire d'Israël. Parmi les panbabylonistes, les uns acceptant la donnée biblique de Genèse 11/31, déclarent qu'Abraham et sa famille emportèrent de Chaldée, sinon le texte, du moins l'esprit du vieux code babylonien qui venait d'être promulgué ; les autres, s'appuyant sur Exode 2/21, émettent l'hypothèse que cette influence babylonienne s'est exercée par Moise, qui l'a subie du fait de son mariage avec Sephora, fille de Rétuel ; enfin, d'autres encore déclarent que l'influence babylonienne s'exerça sur les Israélites entrant en Canaan, s'en référant à la découverte des tablettes de Tell-el-Amarna, dont nous reparlerons, ils statuent que les peuples cananéens qui occupaient le pays avant les Israélites, étaient eux-mêmes des représentants authentiques de la civilisation babylonienne, et que l'influence qu'ils exercèrent sur les Hébreux envahisseurs fut par conséquent celle de Babylone. Nous n'avons pas à choisir entre ces trois hypothèses, car une question, à notre sens, prime celles que nous venons d'indiquer. Cette question, nous la formulons ainsi : l'influence babylonienne s'est-elle vraiment exercée dès le début de l'histoire littéraire d'Israël d'une façon aussi absolue que le prétendent les panbabylonistes? Nous ne le pensons pas, et c'est là la thèse que nous nous efforcerons de soutenir dans le présent travail.

Toutefois, pour éviter toute méprise et pour qu'on ne cher-

che pas dans cette thèse ce qui ne s'y trouve pas, nous prévenons de suite que nous nous bornons ici à ce qui est purement législatif dans cette question. Ayant un code témoin précis et fidèle du droit babylonien, nous nous proposons de lui comparer le droit israélite ancien et de nous rendre compte des ressemblances, différences et rapports de ces deux droits.

Ce travail est, si nous pouvons nous exprimer ainsi, l'édition revisée, grâce aux bienveillantes indications de M. le professeur Lods, du manuscrit déposé à la fin de l'année scolaire 1904-1905 au secrétariat de la Faculté de Théologie protestante de Paris, sur un concours ayant pour sujet :

Le Code de Hammourabi et le Livre de l'Alliance.

N. B. — Dans le corps de ce travail le Code de Hammourabi sera désigné par les initiales C. H. et le Livre de l'Alliance par L. A.

CHAPITRE I

LES DOCUMENTS ET NOTRE MÉTHODE DE TRAVAIL

Les documents sont : pour le droit babylonien, le C. H.;
pour le droit israélite ancien, les documents jahvistes,
élohistes et jahvistes-élohistes de l'Hexateuque, c'est-à-
dire des six premiers livres de la Bible (Genèse, Exode,
Lévitique, Nombres, Deutéronome, Josué).

Comment avons-nous employé ces documents ?

§ 1. — Le Code de Hammourabi

D'abord le document babylonien. Confessons de suite
que nous ne savons pas un seul mot d'assyro-babylonien.
Pour arriver à avoir un document précis, nous avons pris
les trois meilleures traductions en langues modernes, savoir :
la traduction allemande due à Hugo Winckler (*Die Gesetze
Hammurabis*), la version anglaise due à C. H. W. Johns
(*The oldest Code of Laws in the World*) et la translation française du P. Scheil (*La loi de Hammourabi*). En comparant
ensemble ces trois ouvrages, nous avons pu nous rendre
compte que les divergences qu'ils présentent dans la traduction du Code sont peu importantes. L'accord de ces trois
savants nous a amené à cette conviction qu'en gardant le
texte français du P. Scheil, nous aurions un document suffisamment précis pour qu'il puisse servir de base à notre travail.

C'est donc au texte français du Père Scheil que nous renvoyons. Toutefois, nous donnons ici la liste des articles du C. H. où nous avons relevé des variantes importantes. Nous nous réservons de donner ces variantes lorsque, au cours de cette étude, nous aurons à nous servir de l'un des articles de l'énumération ci-après :

1° Article 5 ;

2 Article 34 ;

3 Articles 26 à 41 («Officier ou homme d'armes», constamment traduit par «guerrier ou frondeur» dans Winckler).

4° Article 41 ;

5° Article 47 ;

6° Article 133 ;

7° Article 136 ;

8° Article 172 :

9° Article 180 ;

10° Article 182 ;

11° Article 233 ;

12° Articles 253 et 254 ;

13° Article 255;

14° Article 256.

Ces variantes, sauf les 4e, 5e, 10e et 14e, portant sur les articles 41, 47, 182 et 256, ne donnent pas un sens sensiblement différent, suivant que l'on suit l'une ou l'autre des traductions du C.H. dont nous avons fait usage. C'est donc un résultat qui nous semble acquis, que les meilleurs assyriologues qui s'en sont occupés sont d'accord sur l'interprétation et le sens juridique des différents articles du recueil de lois de Hammourabi. Nous croyons, en conséquence, avoir justifié notre méthode, qui consistait, pour le document babylonien, à mettre purement et simplement à la base de notre travail la traduction française du P. Scheil.

§ 2. — **Le Droit Israélite**

Pour le droit israélite, nous avons été guidé dans le choix
de nos documents par les deux considérations suivantes :
1º on regarde certaines portions de l'Hexateuque (les six
premiers livres de la Bible) comme étant parmi les plus
anciens monuments de la littérature juive. La critique historique, après une longue période de travaux laborieux et
d'investigations érudites autant que sagaces est parvenue
à retrouver la façon dont furent composés les différents livres de l'Hexateuque. On y a distingué quatre séries de
documents : une première série où Dieu est appelé Iahveh
a reçu le nom de source jahviste (par abréviation, J); une
seconde où Dieu est appelé Elohim a été dénommée source
élohiste (E) ; une troisième où se fait sentir l'esprit qui a
inspiré le livre du Deutéronome a pris, de ce fait, le nom de
source deutéronomiste (D) ; enfin une quatrième, vu sa
préoccupation constante de réglementer le culte, de définir
les attributions, devoirs et droits de la classe sacerdotale, a
tout naturellementété désignée sous le nom de Code sacerdo-
tal ou Livre des Prêtres (P). L'Hexateuque, dans sa composition aurait présenté les stades suivants, que nous figu-
rons ci-contre dans un tableau emprunté au livre de M. Lucien Gautier, *Introduction à l'Ancien Testament* :

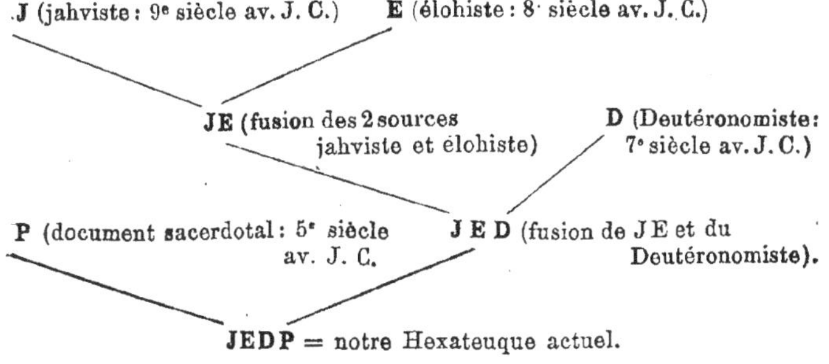

Etant donné le but de notre thèse (savoir s'il y a dépendance entre le droit israélite et le droit assyro-babylonien), on comprendra que nous ne nous soyons occupé que des formes les plus archaïques du droit israélite, qui seraient les plus voisines comme date du C. H. lequel a été rédigé entre 2200 et 2000 avant Jésus-Christ. C'est donc en nous servant des documents J et E de l'Hexateuque que nous poursuivrons ce travail.

2° Ayant établi pourquoi nous choisissons ces deux séries de documents, nous devons maintenant dire où ils se trouvent. Il va de soi que, dans cette modeste thèse de bachelier, destinée à mettre le sceau final à une période de quatre années d'études seulement, nous n'avons pu avoir ne serait-ce qu'un instant, la prétention de faire œuvre personnelle de critique, ni de régler les différends là où les critiques ne sont pas d'accord entre eux. Pour délimiter nos sources, nous avons, en conséquence, recouru à la méthode suivante : nous avons consulté les ouvrages de *Dillmann, Wellhausen, Kuenen, Cornill, Lucien Gautier ;* la *Bible de Kautszch*, qui donne l'indication des sources ; *les Commentaires* publiés, l'un à Gœttingue, sous la direction de M. de Nowack, l'autre à Tubingue, sous la direction de M. Marti, le *Dictionnaire biblique* d'Hastings ; *l'Encyclopedia biblica,* de T.K. Cheyne et, enfin la *Jewish Encyclopedia.* Cette confrontation nous a servi à dresser une synopse critique des sources de l'Hexateuque qui, sans être complète, nous a paru suffisante pour le but que nous poursuivions. De cette synopse, nous avons gardé comme susceptibles de servir de base à notre travail, les passages que tous les critiques étaient unanimes à attribuer aux sources J, E ou JE. En voici le tableau :

Genèse : **2** 4 — **4** 6 ; **5** 29 ; **7** 1-5, 12 ; **8** 2^b-3^a, 6-12, 20-22 ; **9** 18-27 ; **10** 8-19, 21, 25-30 ; **11** 1-9, 28-30 ; **12** 1-4^a, 13-18 ; **15** 1-6, 9-11, 17-18 ; **18** 1 — **20** 17 ; **21** 8-34 ; **22** 1-13, 19-24 ; **24** 1 — **25** 5, 21-34 ; **26** 1^b-2, 6-14, 16-17, 19-33 ; **27** 1-45 ; **28** 10-22 ; **29** 1-23, 25-28^a, 30-35 ; **30** 1-43 ; **31** 1 — **32** 32 ; **33** 1-20 ; **34** 2^b-3, 5, 7, 11-12, 19, 25-26, 30-31 ; **35** 1-4, 6^b, 16-22 ; **37** 2-36 ; **38** 1 — **41** 35, 37-45, 48-57 ; **42** 1 — **45** 18, 22-28 ; **46** 1^b-5^a, 28-34 ; **47** 1-4, 12-27^a, 29-31 ; **48** 1, 8-22 ; **49** 1^b-27 ; **50** 1-11, 14-26.

Exode : **1** 8-12, 15-22 ; **2** 1-23^a ; **3** 1 — **4** 12, 17-20, 24-26, 29-31 ; **5** 1 — **6** 1 ; **7** 14-18, 20^b-21^a, 23-29 ; **8** 4, 8-11^a, 20-28 ; **9** 1-7, 13, 17-29, 32-34 ; **10** 1^a, 3 — **11** 8 ; **12** 29-36 ; **13** 21-22 ; **14** 5-7, 10^a, 11-14, 19-20, 24-25, 27^b, 30-31 ; **15** 1-18, 22-25^a ; **17** 2 — **19** 3^a, 10-20 ; **20** 18-21 ;

20 23 — **23** 33 ;

24 1-15^a, 18^b — **31** 18^b — **32** 14, 16-20, 26-34 ; **33** 1-22 ; **34** 1-8.

Nombres : **10** 29-33, 35-36 ; **11** 1-6, 10-13 ; **12** 15 ; **13** 17^b-20, 23-24, 26^b-28, 30-31, 33 ; **14** 4, 8, 39-45 ; **16** 12-14, 25-34 ; **20** 14-21 ; **21** 1-3, 5-9, 12-32 ; **22** 1 — **23** 6, 11-17, 22-24 ; **25** 1-5.

Deutéronome : **33** ; **34**. *Ce dernier chapitre avec quelques versets de P et quelques retouches de D.*

Josué : **2** 1-9^a, 12-23 ; **3** 1, 5, 9-17 ; **7** 1-26 ; **8** 2-29 ; **9** 3-14, 16, 22-23, 26 ; **10** 3, 5, 10-11 ; **15** 63 ; **17** 11-18 ; **18** 2-6, 8-10 ; **19** 47-50 ; **24** 1-33.

Ayant indiqué de quelle façon nous avons choisi nos documents du droit israélite, il nous faut maintenant expliquer comment nous nous en servirons.

Dans le tableau qui précède, on a pu remarquer que nous avons attiré l'attention sur Exode **20** 23-**23** 33. Ce passage est le passage fondamental pour notre étude de l'ancien droit des Hébreux. C'est, en effet, un petit code de lois, vraisemblablement le plus ancien que nous ayons dans la Bible. Il est appelé couramment le « livre de l'Alliance ». C'est surtout ce code que nous comparerons au C. H. Tous les autres passages bibliques cités plus haut nous serviront simplement à compléter ce que nous pouvons savoir sur le droit primitif israélite, là où le L. A. ne nous donne pas de renseignements suffisants et dans les cas où il est muet sur telle ou telle coutume cependant indubitablement établie.

Enfin, pour l'emploi de ces textes bibliques, nous renvoyons, une fois pour toutes, à la traduction française de l'Ancien Testament de Segond, sauf en cas d'indications précises que nous ferons dans le corps de cette étude.

CHAPITRE II

LA DIFFÉRENCE DE DATE DES DOCUMENTS

Nous avons déjà dit que le Code de Hammourabi re-
montait au moins à l'an 2000 av. J.-C.; d'autre part, le
tableau emprunté à L. Gautier sur la formation de l'Hexateuque donne les 9ᵉ et 8ᵉ siècles avant J.-C comme date des
documents J et E de l'Hexateuque : c'est donc une longue
période de plus de onze siècles qui sépare la promulgation du
code babylonien de la composition des plus anciens documents du droit israélite. Le fait qu'une si longue période
sépare l'expression des deux droits n'est pas sans soulever
différents problèmes que nous croyons devoir mentionner
et solutionner dès maintenant.

§ 1. — 1ᵉʳ Problème : notre emploi du Code de Hammourabi est-il légitime?

Le problème ainsi posé peut surprendre. Voici ce que
nous entendons par là : étant donné que onze siècles se sont
écoulés depuis la publication du C. H. jusqu'au moment où
parut le L. A., n'y a-t-il pas lieu de rechercher pour l'étude
du droit babylonien un autre document? En effet, ce recueil
de lois, pendant une si longue période, pouvait être tombé
en désuétude, avoir été remplacé par un autre. Si cela était,
il en résulterait que l'influence babylonienne sur le droit israélite se serait exercée ou aurait pu s'exercer par une autre

législation, et notre étude prenant le C. H. pour base serait, dans ces conditions, absolument vaine, notre comparaison serait illégitime, et la conclusion à laquelle nous arriverions entachée d'erreur dès l'abord. Il en résulte que nous ne pouvons légitimement faire l'étude du droit babylonien grâce au Code que si celui ci est resté en vigueur dans la Babylonie au moins jusqu'au temps où le L. A. est apparu. La question est donc : le C. H. a-t-il gardé, au moins jusqu'au VIIIᵉ siècle av. J.-C., force de loi en Babylonie ?

Voici ce que nous savons de l'histoire de ce document :

1º Outre la stèle que nous possédons, et qui était destinée au temple de *Shippar*, Hammourabi fit faire du code une autre reproduction.—2º Ce code était publié par fragments sur des tablettes, et c'est grâce à quelques-unes de ces tablettes retrouvées que l'on a pu reconstituer trois des articles effacés sur le monument découvert en Susiane. —3º Notre stèle, destinée au temple de *Shippar* (Babylonie), fut retrouvée à Suse, ancienne capitale de l'Elam. Ceci s'explique par le fait que le roi élamite *Shoutrouk-Nahounté* l'emporta comme trophée dans sa capitale, vers l'an 1100 av. J.-C., après une campagne en Babylonie. Or on remarquera que ce conquérant respecta le code, puisqu'il n'en fit effacer qu'environ 35 articles: il ne serait peut-être pas exagéré de conclure de ce fait que, non seulement en Babylonie, mais même dans les pays voisins, le Code était connu et respecté; autrement, on ne s'expliquerait pas que le roi élamite se soit chargé d'un trophée aussi encombrant (un bloc de diorite de 2 m. 25 de haut sur 1ᵐ 90 de pourtour à la base). — 4ºLes nombreux contrats commerciaux ou réglant les litiges, retrouvés par milliers, portent la caractéristique évidente de documents rédigés sous l'influence de la législation de Hammourabi. — 5º Enfin, nous savons que, sous le second empire babylonien, *Assourbanipal* (7e siècle av. J.-C.) fit refaire une copie du Code sous ce titre: «*Jugements de justice que Hammourabi, le grand roi, a établis*».On ne s'expliquerait pas cette copie nouvelle de l'antique législation babylonienne, si elle n'avait répondu à une nécessité, à moins que l'on ne prétende qu'*Assourbanipal* collectionnait, tel un archéologue,les documents de la Babylonie primitive; mais rien ne nous autorise à faire cette supposition, digne d'un moderne, pour un roi du VIIe siècle avant l'ère chrétienne.

Il nous apparaît donc que le recueil dû à Hammourabi a eu force de loi jusques et après la publication du L. A. Si donc la Babylonie a influencé Israël, ce ne fut, au point de vue juridique, que par la législation que nous avons mise à la base de notre étude, et ceci légitime l'emploi que nous en faisons.

§ 2. — 2° problème : L'histoire du pays de Canaan.

Vers l'an 3000 av. J.-C., les tribus sémitiques étaient massées le long des rives du Tigre et de l'Euphrate dans leur cours inférieur. Les villes méridionales de la basse Chaldée *Ourou* (*Ur* de la Bible) vers 2900, *Nishin* vers 2500, *Nippour* vers 2400, *Larsam* vers 2300 se saisirent tout à tour du pouvoir. Mais, vers 2285, *Kountour-Nurkounté*, roi de Suse, conduisit le peuple élamite (Aram de la Bible) à la conquête de la Chaldée, qui devint ainsi une dépendance de l'Elam. Il semble que l'invasion élamite, tout autant que les violents tremblements de terre dont parle la tradition classique, détermina tout un mouvement des peuples sémites,dont l'invasion de l'Egypte par les *Hyksos* fut le terme, et qu'on peut comparer à la grande migration qui, aux IVe et Ve siècles de notre ère,consomma la ruine de l'empire romain.

De nombreux sémites babyloniens, refoulés par l'invasion
élamite, quittèrent leur patrie, se dirigèrent vers l'Occident,
s'emparèrent de tout le pays depuis l'Euphrate jusqu'à
l'isthme de Suez et s'y établirent, cependant que plusieurs tribus avancées, attirées par le renom de richesse de l'Egypte,
envahissaient ce pays, proie facile au moment où la quator-
zième dynastie égyptienne achevait de s'éteindre au milieu
des désordres et des guerres civiles.

Arrêtons-nous un moment dans notre exposé, et posons
en vue de notre thèse un premier jalon : qu'est-ce que les
Ammonites, Amalécites, etc., dont parle la Bible, et auxquels se heurtèrent les Israélites venant s'installer en Canaan ?
Rien autre chose que des sémites babyloniens.

Quelle était maintenant la position du pays de Canaan
géographiquement ? Deux traits saillants sont à retenir :
1° c'est un terminus des terres à l'Occident ; les grandes mi-
grations de peuples qui nous occupent ici s'étant faites de
l'Est à l'Ouest, les populations nouvelles qui arrivent au
bord de la mer, ne pouvant aller plus loin, s'étendent dans le
pays et s'y établissent. 2° La position du pays de Canaan,
situé sur le cours des routes qui conduisaient d'Egypte en Babylonie et d'Egypte en Syrie, faisait de la Palestine comme
une position avancée que, tour à tour, les grands empires
voulurent s'assurer à la fois pour leur sécurité et en vue de
conquêtes futures.

De cette deuxième considération sur la position géographique de Canaan, il résulte qu'en suivant les fluctuations
de l'histoire ancienne, nous pouvons établir ce qui suit :

1° Nous l'avons déjà vu, des sémites babyloniens s'établissent en Canaan vers 2285 av. J.-C., se fondent plus ou
moins avec la population autochtone qu'ils y trouvent, et
constituent les peuples canaanites, que connaît la Bible sous
les noms d'Amalécites, Ammonites, etc.

2º Après avoir subi pendant une assez longue période le joug des *Hyksos*, l'Egypte parvint enfin, soit à les chasser, soit à les réduire en servitude. Mais cette guerre de l'indépendance réveilla l'esprit conquérant des Egyptiens, qui cherchèrent à leur tour à soumettre l'Asie, conduits par les rois de a 18ᵉ et de la 19ᵉ dynastie. La domination de l'Egypte s'étendit alors sur Canaan, ainsi que le prouvent les lettres de *Tell-el-Amarna*, dont nous reparlerons dans le prochain paragraphe.

3º Nous remarquons qu'au cours de cette période de conquêtes, les Egyptiens se heurtent à un peuple puissant occupant la Syrie : les Hittites. Ce peuple, les Egyptiens ne purent le soumettre, et, après de longues campagnes dont la Palestine fut souvent le théâtre, une paix durable fut enfin signée, scellée par des alliances de famille, le Pharaon égyptien *Ramsès II* épousant la fille aînée du roi Hittite *Khatisarou*. Quant au pays de Canaan lui-même, il restait sous la suzeraineté de l'Egypte.

4º L'empire égyptien entre en décadence avec la 20ᵉ dynastie, malgré la période d'éclat que marque le règne du Pharaon *Minephtah*. Les princes canaanites ne tardent pas à rompre le lien de vassalité qui les attachait à l'Egypte et redeviennent indépendants, tandis que les Asiatiques esclaves en Egypte se sauvent au désert, et parmi eux les Israélites.

Ici encore, nous nous arrêtons et nous posons cette question : la période assez longue pendant laquelle l'Egypte a exercé sa domination sur Canaan permet-elle de statuer une influence de la civilisation égyptienne sur ce pays ? Pour nous, nous ne le croyons pas. Pour appuyer notre point de vue, nous traiterons maintenant un 3ᵉ problème, ou mieux une troisième forme du problème, à savoir :

§ 3. — **La littérature en Canaan depuis le Code de Hammourabi.**

Ainsi que nous venons de le voir, la 19ᵉ dynastie égyptienne s'était, vers le XVIIIᵉ siècle av. J.-C., établie solidement dans le pays de Canaan. Il est à propos de relater la découverte faite à *Tell-el-Amarna* (Egypte) d'une série de tablettes remontant à cette époque, et contenant toute une correspondance entre plusieurs Pharaons et divers princes, entre autres des princes canaanites vassaux de l'Egypte. Il est intéressant de constater que ces tablettes sont écrites en cunéiformes babyloniens et non en hiéroglyphes égyptiens. Malgré S. A. Cook, qui considère ce fait comme sans importance, nous croyons devoir en tirer quelques conclusions : 1° Le fait que le Pharaon fait écrire aux gouverneurs de Canaan dans une langue étrangère, nous semble la preuve évidente que ces gouverneurs ne sont pas des Egyptiens. Que sont-ils ? Rien autre chose que les anciens rois ou princes canaanites, qui, vaincus lors de la conquête égyptienne, ont cependant conservé, en se soumettant à la suzeraineté du Pharaon, l'administration de leur pays et leurs prérogatives de princes. — 2°Rien ne nous montre que les Pharaons égyptiens aient appris la langue babylonienne et l'écriture cunéiforme ; si cependant ils se sont donné la peine d'écrire dans cette forme aux princes sous leurs ordres, il est évident que cela tient à ce qu'ils savaient ne pouvoir être compris autrement. N'y a-t-il pas dans ce fait une indication précieuse ? Il nous paraît que si les vainqueurs ont respecté la langue des vaincus, c'est qu'elle était depuis longtemps employée en Canaan. Maspéro fait des Canaanites les proches parents des Babyloniens ; de plus, Babylone, au temps de sa splendeur, exerça incontestablement une très réelle influence sur les peuples voisins de même race.

Pour ces raisons, nous ne croyons pas que l'action égyptienne ait eu une réelle portée sur le pays de Canaan; car, il est évident que si, au temps de leur domination, ils ont dû respecter la langue des vaincus, ce qui est évidemment le signe d'une influence à peu près nulle, cette influence dut disparaître lors de la décadence de l'empire égyptien sous la 20e dynastie.

Limitons, cela est nécessaire, cette dernière conclusion. Il va de soi que, si nous rejetons l'idée d'une influence égyptienne, nous gardons celle d'une influence babylonienne en Canaan, influence que nous appuyons, d'une part, sur la conquête de ce pays par des peuples d'origine babylonienne vers 2285, lesquels deviennent les possesseurs du pays, et, d'autre part, sur les inductions que nous a permis d'établir la collection des tablettes de *Tell-el-Amarna*. Seulement, il ne faudrait pas exagérer cette conclusion : le fait que des tribus babyloniennes s'établissent en Canaan n'implique pas que le babylonisme soit toute la mentalité des Canaanites. Très vraisemblablement, comme plus tard les Israélites, les tribus babyloniennes n'exterminèrent pas les premiers occupants du pays, mais bien plutôt se fondirent avec eux, et il en résulta (si nous gardons le nom de Cananéens pour ces premiers occupants du sol de Canaan) une race babylocananéenne, celle que, dans cette thèse, nous appelons proprement les canaanites. Sans doute, cette nouvelle race prit la langue et la civilisation des vainqueurs, de même que, dans notre histoire nationale, les Gallo-Romains, fusion des Gaulois et des Romains après la conquête romaine, adoptèrent la langue et la civilisation romaines. Mais il y a lieu de tenir compte d'une influence autochtone très réelle et très forte, laquelle donna lieu à une adaptation et à une transformation de la civilisation babylonienne. D'autre part, il y a lieu à côté de l'influence autochtone que nous venons de signaler, d'en statuer une autre non moins importante, et qui nécessita la transformation de la civilisation babylonienne pour l'adapter au pays de Canaan : cette influence, c'est celle du pays lui-même. Que l'on veuille bien comparer un instant la position de la Babylonie, d'une part, et de la Palestine, d'autre part ; que l'on examine attentivement la configuration de la première, plaine basse, au sol d'alluvions remarquablement fertile, arrosée par deux puissants fleuves, pourvue par l'ingéniosité de ses habitants de nombreux canaux qui ajoutaient à sa fécondité et développaient le commerce, et celle de la seconde, coupée de montagnes et de collines, pauvre en végétation, sauf dans quelques vallées fertiles; mal arrosée, et l'on comprendra de suite qu'une telle différence de configuration géographique produisait très rapidement une grande différence, même chez des peuples issus de la même race, les conditions de la vie étant tout autres.

Aussi, et c'est là une première conclusion à laquelle nous arrivons historiquement, nous croyons à l'action de la Babylonie sur le pays de Canaan. Mais, d'autre part, nous croyons que ce serait une erreur, à laquelle les panbabylonistes n'échappent pas toujours, de vouloir faire entrer purement et simplement la civilisation canaanite dans les cadres de la cvilisation babylonienne. Il faut, nous le répétons, tenir compte d'une adaptation qui l'a plus ou moins transformée, et qui fait de la civilisation cananéenne toute autre chose qu'un simple prolongement de celle de Babylone.

§ 4. — Les Israélites avant leur entrée en Canaan

Dans les trois paragraphes précédents, nous avons, pour plus de clarté, laissé dans l'ombre ceux qui font cependant le sujet de notre thèse : les Israélites. Maintenant que nous savons ce qu'ils vont trouver dans le pays où ils vont s'établir, il est à propos de nous demander ce qu'ils sont et ce qu'eux-mêmes y apporteront.

Ce qu'ils sont? La réponse est malaisée, si nous voulons nous occuper de la question d'origine du peuple israélite. En effet, malgré le verset Genèse **11** 31, beaucoup d'historiens, et non des moindres, refusent d'admettre que le peuple des Hébreux soit d'origine chaldéenne. Il y a eu sur ce point d'histoire de nombreuses controverses; bien des hypothèses ont été émises. Il n'entre pas dans le cadre de ce travail d'entrer dans cette discussion. D'ailleurs, la question vraiment intéressante n'est pas sur l'origine du peuple d'Israël, mais bien ce qu'il était au moment de son établissement au pays de Canaan. Or il est inconstestable qu'il se présente à nous comme venant d'Egypte, où il a séjourné un certain temps, avec, entre ce séjour en Egypte et son établissement en Canaan, une période plus ou moins longue passée à errer au désert en attendant l'occasion favorable pour immigrer en Canaan. Ces Israélites apportaient-ils avec eux l'influence égyptienne ? Nous ne le croyons pas En effet, il n'y a pas de raison pour mettre en doute la donnée biblique qui montre les Israélites établis en Egypte, dans la terre de Goshen, et par conséquent pouvant, dans ce pays de pâturage, très dissemblable de l'Egypte proprement dite, conserver leurs mœurs de nomades et, par cela même, résister à l'influence de l'Egyptien, sédentaire et agriculteur.

Maintenant, en admettant que la donnée biblique de Génèse **11** 31 soit exacte, il nous paraît que les Israélites durent très vite se débarrasser de l'influence babylonienne. En effet, le genre de vie menée par les Israélites, profondément différent de la vie babylonienne, dut les amener très vite à perdre une foule de notions ne répondant plus aux nécessités de leur existence de nomades. Il en résulta, par suite, comme un amoindrissement. D'autre part, les nécessités de la vie errante, loin de tout foyer de civilisation et surtout loin de tout secours, amena, avec des besoins nouveaux, des usages et des coutumes inconnus des Babyloniens sédentaires. Enfin, il n'est pas jusqu'aux éléments de l'ordre spirituel dont nous n'ayons à tenir compte ici. Que fut l'œuvre de Moïse ? C'est ce qu'il est difficile de déterminer d'une façon exacte, mais il apparaît incontestablement comme le plus puissant révélateur religieux de l'antiquité. Nul homme de ces époques lointaines n'a eu le sentiment aussi absolu d'être le serviteur de son Dieu, nul, à cause de ce sentiment même, n'a plus fortement laissé son empreinte sur son peuple. Et la conclusion qui me paraît devoir s'imposer, c'est que les Israélites se présentent avec un esprit national propre, qui n'est ni un produit de l'Egypte ni un produit de la Babylonie. Cette conclusion tout historique, nous allons voir si elle se réalise dans les questions de droit, et si vraiment on peut affirmer l'indépendance d'Israël à l'égard de Babylone.

§ 5. — Critique des Documents

Avant de faire l'étude du contenu des documents où nous trouvons les droits babyloniens et israélites, il nous faut en faire la critique et résoudre un certain nombre de questions qu'ils soulèvent.

A. — Le Code de Hammourabi

Il n'y a pas de question de critique soulevée, à proprement parler, par le C. H. Le code se présente comme un
document parfaitement homogène, et, par conséquent, la
question de l'unité ne se pose pas. Quant à l'authenticité,
elle n'est pas douteuse : à différentes eprises, Hammourabi
s'en déclare nettement l'au'eur. Quant à la date, on l'établit facilement, la chronologie des rois assyro-babyloniens
nous étant suffisamment connue. Le lieu, Babylone, n'est
pas douteux non plus. Ainsi, en réalité, ni question d'unité,
ni question d'authenticité, ni question de lieu et de date
n'existe au sujet du Code. En résumé, le C. H. nous apparaît
comme un document homogène d'une très grande sûreté
pour nous renseigner sur le droit et la législation assyro-
babylonienne.

B. — Le Livre de l'Alliance

La question est beaucoup plus complexe pour le L. A.
A première vue, ce qui arrête, c'est la question d'unité
En effet, la lecture attentive de ce document montre qu'il
n'y a pas d'unité. Ce qui frappe, c'est que, dans la forme,
toute une série de prescriptions est rédigée à la 3e personne
du singulier, tandis que toute une autre série est à la 2e personne, employant le discours direct. Or à cette forme différente correspond un contenu différent. Tandis que les prescriptions en style direct sont ecclésiastiques, religieuses et
morales, celles de la première catégorie ont trait à l'ordre
civil, juridique et pénal. De cela, on a inféré que, primitivement, le L. A. était en deux fragments. Peut-être même la

démarcation entre ces deux parties (d'une part, A **21** 1-**22** 16, d'autre part B **20** 23-26 et **22** 17-**23** 33) était-elle plus tranchée primitivement qu'aujourd'hui.

D'autre part, cette diversité de caractère est encore attestée par le verset Exode **24** 3.« Moïse rapporta au peuple toutes les paroles de l'Eternel et toutes les lois. » Ceci étant acquis, et le L. A. étant compris comme la fusion de deux sources notablement différentes, A et B, il nous faut entrer dans le détail. Or, pendant que A se présente comme homogène, B a l'aspect d'une compilation où une législation humanitaire en faveur de l'étranger et une insistance morale sur la droite dispensation de la justice sont étrangement mêlées à des règles sur l'offrande des prémices du sol, l'observation des sabbats et des fêtes annuelles. Il nous a semblé qu'il y avait lieu d'établir une distinction entre ces deux portions de la source B. Il est incontestable que le passage **23** 10-19 forme une législation cultuelle qui apparaît comme postérieure au L. A., car il a ses parallèles, non dans le reste des documents I et E, mais dans les documents D et P. (Cf. Exode **23** 10-11 et Lévitique **25** 2, Exode **23** 13 et Deut. **4**, 9, **12** 3., Psaume **16** 4; Exode **23** 14 et Lév. **23** 4; Exode **23** 15 et Exode **12** 15) quant au passage **23** 20-33, il ne fait plus partie du Code de lois proprement dit ; il en est l'épilogue racontant comment une alliance intervint entre Iahveh et son peuple. Le pasage **20** 23-26, qui fait aussi partie de la source B du L. A, bien qu'étant purement cultuel, présente un caractère d'antiquité incontestable, qui permet d'admettre sans invraisemblance qu'il faisait partie de B dès l'origine. Cependant, à cause de ce caractère purement cultuel, nous croyons pouvoir le laisser de côté comme ne nous apportant rien de particulier pour notre étude. Ainsi, nous avons divisé le L. A. comme suit :

A. Source où les ordonnances n'affectant pas la forme
du discours direct (sauf **21** 1) sont introduites par
le particule *Ki* (Exode **21** 1 — **22** 15).

B. Source où les ordonnances ont la forme du discours direct.

a. Exode **20** 23-26. — Prescription
cultuelle sur les autels (ancienne
et peut-être originale).

b. Exode **22** 17 — **23** 9. — Prescriptions morales, humanitaires et
juridiques.

c. Exode **23** 10-19. — Prescriptions
sur les sabbats et les fêtes (additions postérieures).

d. Exode **23** 20-33. — Récit sur l'Alliance contractée par Iahveh et
son peuple.

Pour notre étude, nous gardons A en entier et B (partie b). En réalité, Exode, **21** 1-**23** 9.

Quant à la question d'authenticité, elle ne se pose pas,
puisque, ainsi que nous l'avons vu, l'Hexateuque se présente comme une compilation de 4 grandes sources, lesquelles
sont elles-mêmes souvent le résultat de la compilation de
documents plus anciens. Notre document, au moins dans la
partie que nous en conservons, porte l'empreinte du rédacteur de la source E : est-il simplement un document plus
ancien introduit avec quelques modifications dans la source
E? Cela n'aurait rien d'invraisemblable ; nous dirons même
que la façon dont il se présente comme la fusion de deux
sources permet de lui assigner une origine plus ancienne, et
nous pouvons, sans exagération, supposer qu'il donne un
tableau du droit israélite pour la période entre l'établissement du peuple en Canaan et les rois. Quant au lieu où il

fut rédigé, nous ne pouvons que constater le mystère qui règne sur cette question. En tant que partie de E, il serait d'origine Ephraïmite, mais, comme document indépendant, avant d'être incorporé à E, nous ne savons rien.

CHAPITRE III

CONTENU SOMMAIRE DES DEUX CODES

Le premier point de comparaison qui s'offre entre les
deux codes est évidemment l'ordre des matières. Faire
en quelque sorte la table des matières de chaque document
nous permettra déjà d'en marquer, tout au moins d'une façon extérieure, les ressemblances et les divergences. Nous
donnerons donc ces deux tables de matières, et ensuite, nous
en ferons la comparaison.

§ 1. — Le Code de Hammourabi

Prescriptions contre la sorcellerie	art. 1-2	
Répression du faux témoignage	art. 3-4	
Punition du mauvais juge	art. 5	

Protection de la propriété (art. 6-41)	Le vol ou actes assimilés au vol	art. 6-14
	Fuite de l'esclave	art. 15-20
	Le vol qualifié ou brigandage	art. 21-25
	Les biens des guerriers et *nachi-bilti*	art. 26-41

L'agriculture (art. 42-65)	Le fermage (pour les champs)	art. 42-52
	Dégâts et déprédations dans les champs	art. 53-59
	Devoirs du jardinier	art. 60-65 + art. a.

Ici, la stèle que nous possédons porte une lacune (articles effacés) que l'on évalue à 35 articles :

§ 2. — **Le Livre de l'Alliance**

Législation sur les esclaves	Exode	**21** 2-6
— l'esclave concubine.	»	**21** 7-11
Querelles, coups et blessures	»	**21** 12-14
Contre le fils qui frappe son père ou sa mère,	»	**21** 15
Rapt d'homme.	»	**21** 16
Contre le fils qui maudit son père ou sa mère.	»	**21** 17
Coups et blessures.	»	**21** 18-27
Accidents causés par un bœuf vicieux.	»	**21** 28-32 et **21** 35-36
Accidents provoqués par une fosse non couverte	»	**21** 33-34
Contre le vol.	»	**21** 37 à **22** 3 et **22** 6-7
Dégâts dans les champs.	»	**22** 4-5
Dépôts.	»	**22** 8-12
Locations d'animaux.	»	**22** 13-14
Séduction d'une vierge.	»	**22** 15-16
Contre la sorcière.	»	**22** 17
Contre celui qui a contact avec une bête.	»	**22** 18
Protection des faibles (étrangers, veuves, orphelins, pauvres).	»	**22** 19-26
Respect des juges et du prince.	»	**22** 27
Sacrifices à offrir à Iahveh.	»	**22** 28-30
Prescriptions morales contre le faux témoignage et en faveur de la douceur à l'égard des adversaires et des faibles.	»	**23** 1-9

§ 3. — **Comparaison entre les deux Codes**

Une chose est à constater d'abord : c'est la différence profonde du plan suivi. Dans le C. H., on peut, à la rigueur, trouver un plan. Les articles se groupent, sans trop de peine, en 5 grandes divisions ; de plus, en beaucoup d'endroits, l'enchaînement de la pensée y apparaît normal. Il s'en faut de beaucoup qu'il en soit de même pour le L. A. Non seulement on y sent, ce que nous avons déjà constaté, l'influence d'une fusion mal faite de deux sources, mais encore on se rend compte que, dans ces sources, les articles sont simplement juxtaposés, et que le rédacteur E de l'Exode, au moment où il a incorporé le L. A. à son ouvrage, n'a rien changé à cette juxtaposition ; ainsi, ce qui frappe, c'est que le C. H. apparaît comme l'œuvre d'un juriste déjà instruit et qui a tenté, d'une façon heureuse pour son temps, de continuer un code au sens exact du mot, tandis que le L. A. n'est qu'un recueil de sentences, un embryon de Code, destiné à fixer par écrit un droit coutumier plutôt pauvre, et cela sans souci d'y apporter un peu d'ordre.

Une autre chose que se dégage nettement, c'est la richesse de l'un et la pauvreté de l'autre, lesquelles correspondent évidemment, chez les peuples auxquels ils étaient destinés, à des états profondément différents. Le C. H., avec ses cas diversifiés, avec sa législation commerciale, ses articles sur les responsabilités professionnelles, reste le témoin d'un état de civilisation déjà avancé, d'une vie sociale active et florissante. Le L. A. présente presque le stade primitif de la civilisation d'un peuple sédentaire : les cas sont simples, peu circonstanciés ; beaucoup des cas pour lesquels le C. H. apporte un solution sont absolument ignorés par le droit israélite et qui, plus est, on n'en retrouve pas trace dans les autres documents I et E de l'Hexateuque.

Cependant, en comparant nos deux documents, nous constatons qu'ils ont eu des préoccupations communes, et on peut établir entre eux le parallelisme suivant :

1º Sanction du meurtre :

Exode, **21** 12-14 et C. H., article 207.

2º Punition de l'enfant qui frappe ses parents :

Exode, **21** 15 et C. H., article 195.

3º Vol d'homme (dans le C. H., vol d'enfant) :

Exode, **21** 16 et C. H., article 14.

4º Enfant qui maudit son père ou sa mère :

Exode, **21** 17 et C. H., articles 192-193.

5º Coups et blessures dans une querelle :

Exode, **21** 18-27 et C. H. articles 196-214.

6º Bœuf vicieux qui blesse ou tue avec sa corne :

Exode, **21** 28-32 et C. H., articles 250-252.

7º Vol de bétail :

Exode, **21** 37 et C. H., article 8.

8º Vol avec effraction :

Exode, **22** 1-3 et C. H., article 21.

9º Déprédations dans les champs faites par le bétail :

Exode, **22** 4 et C. H., articles 57-58.

10º Dépôt d'objets, cas où ils sont volés chez le dépositaire :

Exode, **22** 6-7 et C. H, article 125.

11º Litige au sujet d'un objet perdu :

Exode, **22** 8 et C. H., articles 9-13 et 126.

12º Responsabilité du gardien de bétail :

Exode, **22** 9-12 et C. H., articles 265-267.

13º Responsablité en cas d'accident survenu à du bétail loué :

Exode, **22** 13-14 et C. H, articles 244 - 249.

On remarquera, en faisant la comparaison que nous venons d'établir, que, si les deux législations présentent des cas semblables, elles ne leur donnent pas toujours les mêmes sanctions ; de plus, la façon dont les cas sont présentés et diversifiés montre des différences assez importantes.

Enfin, il est un fait à signaler : bien que de beaucoup le plus réduit des deux, le L. A. a une originalité propre qui se trouve encore renforcée par le fait qu'un assez grand nombre de ses prescriptions n'ont pas leur équivalent dans le C. H. : ainsi, il n'y a rien de commun entre le droit hébraïque et le droit babylonien quant à ce qui concerne l'esclavage. De même toute la fin des prescriptions du document hébreu (savoir : Exode **22** 15 à **23** 9) manque dans le document babylonien.

Si, comme le prétendent les panbabylonistes, les écrits bibliques n'étaient qu'un écho des écrits babyloniens, est-ce que les deux codes se présenteraient ainsi ? Nous ne le croyons pas.

En effet, 1º le droit coutumier israélite a dû certainement connaître certaines préoccupations juridiques sur lesquelles le L. A. est muet : la fuite des esclaves dut se produire en Israël comme partout ailleurs ; il dut y avoir souvent à régler les questions de succession quand se présentaient des contestations entre enfants de deux lits, ou entre enfants de femme légitime et enfants de concubine ; la situation de la concubine dut être réglementée, de même celle des enfants issus de mariages mixtes (entre esclave et homme ou femme libre). Or toutes ces questions ne sont même pas soulevées par le L. A. Cela se conçoit, si on voit dans le L. A. un premier essai de codification du droit coutumier, essai où le rédacteur a relaté ce à quoi il pensait ; cela deviendrait invraisemblable si le rédacteur hébreu avait pris pour guide le C. H., car la simple lecture de ce code lui eût remémoré les cas analogues que le droit coutumier d'Israël avait à résoudre ; ces cas, il les eût signalés et motivés, quitte à leur donner une sanction différente en accord avec les usages du peuple hébreu. 2º Si le L. A. était inspiré du C. H, comment expliquer le désordre du premier ? Ainsi, pourquoi les deux sanctions sur le fils qui frappe ou maudit ses parents (Exode, **21** 15 et 17) seraient-elles séparées par la prescription sur la punition à infliger à celui qui vole un homme, alors que ces prescriptions sont réunies dans le C. H ? Pourquoi aussi les prescriptions sur les accidents causés par l'ouverture d'une fosse (Exode, **21** 33-34) viennent-ils rompre l'ordre, pourtant logique, qui voudrait qu'Exode **21** 35-36 fasse immédiatement suite à Exode **21** 28-32, ces deux morceaux s'occupant du même sujet : les accidents causés par un bœuf vicieux qui frappe de sa corne hommes et animaux ? Ici encore, il nous semble que, si le L. A. dépendait du C. H, il se présenterait mieux ordonné qu'il ne l'est. — 3° Enfin, dans les ordonnances où nous avons marqué un certain parallélisme, il ne nous paraît pas que l'on puisse statuer une dépendance des deux codes. D'abord, les sanctions ne sont pas les mêmes ; ensuite, les différents cas ne sont pas diversifiés de la même façon, et, surtout pour ce qui concerne les coups et blessures, l'ordre suivi apparaît très différent dans l'un et l'autre document ; en dernier lieu, on peut, sans trop préjuger, affirmer que ces passages parallèles sont à la base du droit naturel dans toute société qui se fonde.

En résumé, la rapide esquisse tout extérieure que nous venons de faire sur le contenu des deux codes, nous paraît susceptible de permettre d'établir qu'il n'y a pas eu dépendance des deux codes et, partant, des deux droits babylonien et israélite. Nous allons maintenant, en examinant certains points spéciaux, essayer de nous rendre compte si cette conclusion doit être considérée comme définitivement acquise.

CHAPITRE IV

LA FAMILLE. ROLE DE LA FEMME

§ 1. — Les Epoux

Sous ce titre, nous avons à étudier toute la législation matrimoniale. Nous diviserons, pour plus de clarté, en quatre parties : 1º Comment s'épousait-on ? 2º les droits des époux ; 3º Le concubinage ; 4º le divorce. Il nous faut reconnaître que, sur ces différents points, le C. H. nous offre une législation très complète, ce qui n'est pas le cas pour le L. A. ; aussi pour avoir une idée un peu exacte du droit israélite primitif dans cette importante question de la constitution de la famille, devrons-nous faire appel à des données provenant d'autres documents I et E de l'Hexateuque.

A. — Comment s'épousait-on?

En Babylonie, les jeunes gens ne se fiançaient pas eux-mêmes, mais les ascendants les plus proches s'entendaient sans que les deux futurs mariés aient rien à dire. Ceci n'est pas dit explicitement dans le C. H, mais nous le déduisons des considérations suivantes : 1º il n'est parlé nulle part du consentement réciproque des deux fiancés, et on ne soulève jamais la question de savoir s'ils se plaisent ou non, afin d'en déduire une conduite en conséquence ; 2⁰ le commencement des articles 155 et 156 donne à entendre que c'était le père du jeune homme qui choisissait une fiancée pour son fils, ou bien, si le père était décédé, sa veuve ou les frères aînés du jeune homme (cf. fin de l'art. 166) ; 3⁰ si les fiançailles étaient rompues du côté de la jeune fille, nous observons que ce n'était pas elle, mais son père qui les rompait, ainsi qu'en témoignent les articles 160 et 161, tandis que le jeune homme, plus libre que la jeune fille, pouvait rompre lui-même ses fiançailles ; ceci ressort nettement de l'art. 160.

Le récit des fiançailles d'Isaac avec Rébecca (Genèse **23**) nous fournit des données précieuses sur le droit coutumier en Israël. Nous y voyons Abraham choisir ou, plus exacte-ment, donner procuration à son serviteur Eliézer pour choi-sir une fiancée à son fils ; d'autre part, ce n'est pas à la jeune Rebecca qu'Eliézer s'adresse pour obtenir son consente-ment, mais à sa famille. On peut donc en inférer qu'en Israël comme chez les Babyloniens, c'étaient les parents qui fian-çaient leurs enfants.

Au cours des fiançailles avaient lieu, en Babylonie comme chez les Israélites, des échanges de biens dont il nous paraît à propos de dire quelques mots. En Babylonie, le fiancé donnait à son futur beau-père ce qu'on appelait une *tir-hatou* ; de son côté, le père constituait une dot (*cheriqtou*) à sa fille, et cette dot était plus considérable que la *tirhatou* puisque la *tirhatou* pouvait se déduire de la *cheriqtou*. (Ar-ticle 164.) Enfin, le fiancé déposait dans la maison de son beau-père des biens meubles ou *biblou* dont l'emploi n'est pas défini : peut-être s'agit-il de cadeaux pour les différents membres de la famille de la jeune fille. Que signifiait la *tirhatou* ?. Si nous posons cette question, c'est qu'elle a reçu deux solutions différentes : 1⁰ Robertson Smith, Sayce et après eux, Stanley Cook, dans son livre « *The laws of Moses and the Code of Hammurabi* », voient dans la *tirhatou* le prix d'achat de la femme par son mari et en concluent que la femme est purement et simplement une propriété du mari. Ceci n e nous paraît pas exact : les objections que fait à cette manière de voir M. Cuq, professeur à la Faculté de Droit de Paris (cf. Scheil, *Le Code des lois de Hammourabi*, notes) nous paraissent des plus exactes. Voici ces objections: *a*) Rien, dans les lois de Hammourabi ne permet de croire que les Babyloniens aient pratiqué à cette époque le mariage par ac hat réel et symbolique de la femme : *b*) l'article 139 prouve que la *tirhatou* n'est pas une condition essentielle à la formation du mariage ; *c*) la femme n'est pas traitée comme une marchandise, elle a, dans la famille, une situation supérieure à celle de la femme romaine, exerçant la puissance paternelle après la mort de son mari, conservant pleine autorité sur ses enfants qui ne peuvent s'en dégager sans la permission du juge (art. 172). En conséquence, les objections que présente M. Cuq, et en faisant remarquer que sa 3ᵉ objection se trouvera renforcée de tous les droits que nous verrons tout à l'heure le code accorder à la femme, nous souscrivons à l'interprétation qu'il donne de la *tirhatou*, interprétation qui est la deuxième solution à la question ci-dessus. La *tirhatou* est une garantie contre la rupture des fiançailles, ainsi que le montre l'article 159. Elle est définitivement acquise au père de la femme, sauf deux cas : 1º s'il s'oppose au mariage (art. 160-161) ; 2º si la femme meurt sans enfant (art. 163-164).

Les Israélites connaissaient cet échange de biens au moment des fiançailles. Nous voyons en Genèse **24** 53, Éliézer faire des présents à Rébecca et à sa famille. Quel était le sens de ces présents ? Il nous semble que les présents dont

il est question ici ne sont autre que le *mohar*, c'est-à-dire le
présent donné par la famille du jeune homme à celle de la
jeune fille. Or, ce présent était un véritable prix d'achat de
la jeune fille. Il devait absolument être payé, et, quand il
ne pouvait l'être ni en espèces, ni en biens matériels, le
fiancé devait le payer en travail, ainsi que le montre Genèse **29** où nous voyons Jacob servir pendant sept ans pour
chacune de ses femmes. Il est évident que la différence entre
la *tirhatou* et le *mohar* implique une conception tout autre de
la femme dans les deux pays. Dans la Babylonie, la femme
a une personnalité ; en Israël, elle apparaît comme une propriété que l'on achète avec son argent ou par son travail.

B. — Droits des époux

La différence que nous venons de constater dans la conception du rôle de la femme se retrouve dans la façon dont
les droits des époux sont réglés dans les deux législations.
Sans acorder des droits équivalents à ceux du mari, le recueil
de Hammourabi reconnaît cependant des droits à la femme.
D'abord, ses obligations doivent être fixées par un contrat
(art. 128) ; son mari ne peut, sans preuve, l'accuser d'infidélité (art. 131) ; s'il la délaisse, il ne peut la reprendre contre
son gré (art. 136) et il ne peut la répudier sans motif et surtout sans la dédommager, bien plus, elle est libre de son corps
et peut délaisser son mari infidèle (art. 142). D'autre part,
elle peut se faire déclarer inaliénable par son mari au sujet
des dettes que celui-ci avait contractées avant son mariage.
Enfin, on remarquera combien le législateur babylonien
avait pris soin de sauvegarder la propriété de la femme du-
rant toute la durée du mariage : il semble qu'il ait eu le
souci constant d'empêcher toute spoliation à son égard.

Ainsi, la *cheriqtou* que la femme apporte avec elle apparaît comme absolument inaliénable. Toutes les fois que la femme sort de la maison de son mari, soit qu'il la répudie, soit qu'elle s'en aille à cause de l'infidélité de son mari, elle emporte avec elle l'intégrité de sa *cheriqtou*. Au décès de la femme, ce n'était pas le mari qui héritait de la *cheriqtou*; cette dot appartenait aux enfants de la femme ou bien retournait à la maison de la femme; le tableau suivant résume ce droit de succession :

<table>
<tr><td rowspan="3">La Cheriqtou est la propriété inaliénable de la femme</td><td>1° Les héritiers de 1er rang de la cheriptou sont les enfants. (Art. 162, 167, 173. 174, 176).</td></tr>
<tr><td>2° En cas de 2° mariage du mari, les enfants de chaque lit héritent de la cheriqtou de leur mère respective. (Art. 167.)</td></tr>
<tr><td>3° L'épouse morte sans enfants a ses frères pour héritiers, car la cheriqtou revient à la maison paternelle, mais le mari reprend sa tirhatou. (Art. 163, 164.)</td></tr>
</table>

Sur tous ces droits accordés à la femme, le droit israélite est muet. La femme n'étant qu'une propriété, quoiqu'une propriété de valeur, il en résulte que les droits de l'homme sont nombreux, ceux de la femme nuls : avoir de quoi subvenir à ses besoins et, de plus, pour la femme esclave, ne pas être vendue au cas où elle a eu des enfants, c'est là tout le contenu du droit de la femme.

C. — Le Concubinage

Pour les Babyloniens, le grand rôle de la femme, son premier devoir, c'est d'être mère de famille. Que l'on remarque, à ce propos, la différence tout à l'avantage des femmes qui ont eu des enfants dans ce que statuent les articles 137, 138, 146, 147 du C. H. La stérilité de la femme est une tare, car le but du mariage est de perpétuer le nom de l'époux. Cedut être la stérilité de l'épouse qui donna naissance, non à la polygamie, mais à la bigamie, ou mieux au concubinage. Je dis que le mariage n'était pas polygame, car déjà la trigamie est défendue. (Art. 144.)

Comment le concubinage était-il réglé ?

L'époux pouvait prendre une concubine quand sa femme était stérile (art. 145) ou quand elle était malade (art, 148) ; mais la concubine ne portait en rien atteinte aux droits de la femme légitime. (Art. 145, 148, 149.) La femme pouvait elle-même donner une de ses esclaves comme concubine à son mari (art. 144) et 145) ; mais le Code ne nous dit pas si le mari pouvait refuser la concubine que sa femme lui donnait. En outre, le code prévoit le cas de renvoi d'une concubine : si elle a eu des enfants, sa répudiation est assimilée à celle de l'épouse. Enfin, les droits des enfants de la concubine sont réglés : si le père les a reconnus, ils participent comme les enfants de l'épouse à l'héritage paternel. (Art. 170.) En tout cas, les enfants de la concubine sont libres.

Dans l'ancien droit israélite, le mariage apparaît comme essentiellement polygame. Ainsi, Jacob a deux femmes et, en plus, deux concubines, et ce fait ne paraît nullement choquer le narrateur ; il n'a sur ce sujet aucune reflexion : ceci nous paraît l'indice que le cas de Jacob ne détonnait en rien avec la coutume de l'époque. D'ailleurs, la Bible présente David, Salomon, comme ayant eu de nombreuses femmes et concubines. Ici encore, nous retrouvons la conception de la femme propriété : plus on est riche, plus on peut se payer et entretenir de femmes. Cependant, comme dans le C. H., la concubine primitivement esclave ne peut s'égaler à l'épouse ; ainsi, Agar et Ismaël sont chassés à la demande de Sara hors de la maison d'Abraham. De plus, les enfants des concubines, dans le cas où elles n'étaient pas chassées, se trouvaient sur le pied d'égalité avec les enfants de l'épouse légitime, car les récits bibliques ne font jamais de distinction entre les différents enfants de Jacob ; mais, nulle part, il n'est statué si, pour hériter de leur père, les enfants de la concubine devaient être reconnus.

D — La Rupture du Mariage

Le mariage était rompu : 1° par le divorce ; 2° par décès d'un des conjoints.

Le divorce. — Dans la législation babylonienne, trois cas sont à envisager : 1° le mari veut rompre son mariage sans que sa femme ait des torts : il ne peut le faire qu'en la dédommageant (art. 138, 139, 140) ; 2° le mari veut rompre son mariage à cause des torts de sa femme : si la femme dilapide sa maison, il peut, ou la répudier sans dédommagement ou la réduire en esclavage (art. 141) ; 3° le mari a des torts : s'il abandonne sa femme, le divorce est consommé; et la femme épouse qui elle veut ; s'il dilapide sa maison et trompe sa femme, celle-ci peut retourner chez son père en reprenant sa *cheriqtou* (art. 142).

En Israël, le divorce est tout à l'avantage du mari ; les plus anciens documents hébreux ne prévoient pas de cas où la femme puisse imposer le divorce. Cependant, la femme a des ressources pour se défendre contre son mari, elle peut se plaindre à sa famille, qui lui doit protection.

Décès. — Quand le mariage est ainsi dissous, l'homme, dans les deux législations, reprend son entière liberté d'action. Pour la femme, les deux législations sont profondément différentes. En Babylonie, la femme, après avoir satisfait à certaines obligations, peut se remarier avec qui elle veut.

C'est la liberté d'action qui lui est entièrement rendue. Au contraire, en Israël, la femme veuve est tenue d'épouser le frère de son mari : ici encore, c'est la propriété qui pass e par héritage d'un frère à l'autre. (Genèse **38**. Histoire de Thamar.)

§ 2. — **Parents et Enfants**

Pour l'étude de ce paragraphe, nous avons adopté l'ordre suivant :

1º Droits et devoirs des parents à l'égard de leurs enfants ;

2º Droits et devoirs des enfants à l'égard de leurs parents ;

3º L'adoption ;

4º Parents reniant leurs enfants.

A. — **Droits et Devoirs des Parents**

Dans la législation babylonienne, les devoirs des parents à l'égard de leurs enfants devaient être tout d'abord de les élever. Cela ne nous est pas dit explicitement, mais nous l'inférons du fait que, dans un cas spécial où le père et la mère sont divorcés et aussi dans le cas où la mère reste veuve, la femme devenant le chef de la famille, il est spécifié qu'à elle incombe le soin d'élever les enfants. (Art. 137 et 177.)

Les droits du père sont tout d'abord le droit à l'obéissance et à la soumission des enfants. Il a aussi le droit de légitimer ou de renier ses enfants ; nous en reparlerons ultérieurement.

Quant aux devoirs de la mère, ils sont d'élever ses enfants en commun avec son mari, ou seule dans les cas des articles 137 et 177. Si elle se remarie, c'est à son second mari que sont confiés les intérêts des enfants issus de son premier mariage, lesquels intérêts sont surveillés par le juge. D'autre part, la veuve qui a des difficultés avec ses enfants a le droit de se mettre sous la protection du juge; et, si les enfants ont tort, elle peut, ou bien rester dans sa maison, ou bien déshériter ses enfants en emportant sa *cheriqtou* et en épousant qui elle veut. Enfin, qu'elle soit sous puissance de mari ou veuve, la femme qui a reçu de son mari un présent (*noudounnou*) peut en faire don à celui de ses enfants qu'elle préfère.

La législation hébraïque présente, pour les droits et devoirs du père, les mêmes principes que le droit babylonien. Comme dans ce dernier, nous rencontrons le même mutisme sur le devoir qu'ont les parents d'élever leurs enfants. Et de même aussi, nous trouvons affirmé le droit qu'ont les parents à l'obéissance et à la soumission de leurs enfants. Ceci est en quelque sorte du droit naturel, et ne suffirait pas à établir une dépendance entre les deux législations. Partout où la famille s'est formée, nous sommes sûrs d'y voir affirmer les deux points ci-dessus. Seulement, il est une chose que le C. H. ne nous révèle absolument pas, et que nous trouvons dans les documents hébraïques : c'est le droit de vie et de mort qu'a le père israélite sur ses enfants, droit qui est attesté par le chapitre **22** de la Genèse où nous voyons Abraham prêt à sacrifier son fils Isaac et disposant absolument de la vie de celui-ci sans que le narrateur fasse la moindre observation. Ce point de vue est encore confirmé par le document très ancien inséré dans le Livre des Juges et qui nous raconte le vœu insensé de Jephté et le sacrifice de sa fille, (Juges, **11**, 30-40.) De plus, le père israélite pouvait vendre ses enfants, ses filles en particulier, comme esclaves, ce qui n'est pas le cas en Babylonie. Ce sont là des divergences qui révèlent, chez les deux peuples, deux esprits sensiblement différents.

B. — Devoirs et droits des enfants

Ils dérivent des droits et devoirs de leurs parents à leur égard. Ainsi, ils ont droit, dans l'une comme dans l'autre législation, à ce que leurs parents leur donnent les soins dus à leur jeune âge et les élèvent ; mais, d'autre part, ils doivent à leurs parents une soumission et un respect absolus. Toutefois, les manquements des enfants à cette règle ne sont pas punis ni même formulés de la même façon dans les deux codes. Le C. H. distingue 3 cas ; les voici avec leur sanction :

1. Enfant qui frappe son père. — Il a les poings coupés. (Art. 195.)

(Remarquons qu'il n'est rien dit de l'enfant qui frappe sa mère, mais peut-être n'y-a-t-il là qu'une simple omission, le père et la mère étant mentionnés ensemble dans les deux cas suivants.)

2° Enfant reniant père et mère.— Il a la langue coupée. (Art. 192.)

3° Enfant qui dédaigne ses parents. — On lui arrache les yeux (art. 193).

Le L. A. ne distingue que 2 cas, savoir :

1° Enfant qui frappe son père ou sa mère ;

2°   —   maudit   —   —

et les sactionne tous deux de la même façon en prononçant sur l'enfant coupable la peine de mort.

C. — L'adoption

Ce que nous venons de voir a trait aux enfants issus du mariage, mais, dans l'une et l'autre législation, les parents pouvaient, qu'ils aient ou non déjà des enfants, en adopter d'autres. Ces autres enfants adoptés appartenaient à deux catégories : 1º c'étaient des enfants de concubines qui étaient, par un acte ou une parole de reconnaissance, reconnus comme enfants légitimes ; 2º c'étaient des personnes étrangères à la famille qui étaient adoptées. Examinons successivement ces deux ca .

I. *Adoption d'enfants de concubine.* — Les deux droits sont fort différents sur ce point. D'après le C. H. c'est le père qui adopte ou, plus exactement reconnaît, les enfants qu'il a eus de sa concubine. (Art. 170.) En Israël, au contraire, c'était la mère : cela ne se trouve pas dans le L. A. mais nous trouvons les indications suivantes dans les parties narratives de I et E. C'est Sara qui fait chasser de la maison d'Abraham Agar et son fils Ismaël. (Genèse **21** 10.) Nous voyons que les enfants de Jacob sont tous considérés également comme ses fils mais cela tient à ce que, dès leur conception, les enfants des deux esclaves concubines Bilha et Zilpa, ont été adoptés par les épouses légitimes Rachel et Léa, ainsi qu'en témoigne la formule par laquelle Rachel, en Genèse **30** 3, donne sa servante Bilha à son mari pour la remplacer: « Voici ma servante Bilha, viens vers elle, et *elle enfantera sur mes genoux et j'aurai des enfants par elle.* »

Nous avons maintenant à nous demander pourquoi c'est la mère, et non le père comme en Babylonie, qui adopte les enfants de la concubine, d'autant plus qu'à l'encontre de ce que nous avions vu jusqu'à présent, le droit de la femme paraît supérieur à celui du mari. Il nous semble que cela tient à la différence de forme entre le mariage babylonien et le mariage israélite antique. Le mariage babylonien était, à le bien prendre, un mariage monogamme ; l'entrée d'une concubine dans la maison n'était autorisée, nous l'avons vu, que sous certaines conditions qui la légitimaient légalement En conséquence, au point de vue légal, les enfants de la concubine sur simple acte de reconnaissance du père, devenaient enfants légitimes. En Israël, au contraire, outre que le mariage était polygame, rien n'y réglait le concubinage; il en résultait que le père, au milieu des nombreux enfants qui pouvaient lui naître de ses femmes et concubines, ne pouvant les suivre avec toute l'attention nécessaire pour les élever, devait s'en remettre à leur mère respective du soin de prendre soin de chacun de ses enfants. La conséquence fut une autorité réelle plus grande de la mère sur ses enfants d'autant plus qu'autour de chaque mère se réunissait un groupe d'enfants qui ne se sentaient que demi-frères, si nous pouvons ainsi parler, avec les enfants des autres groupes, et souvent même devaient se sentir d'autres intérêts. Il advint tout naturellement que, pour ce qui regardait ses enfants, la mère, plus que le chef de famille, avait à faire acte d'autorité. De cette autorité ainsi incontestée, l'épouse ou les épouses légitimes purent se servir pour accepter ou non comme légitimes les enfants des concubines.

Avant de sortir des cas où les enfants adoptés par le chef de famille étaient, somme toute, des enfants de cette famille, mentionnons que le père pouvait adopter les enfants de ses enfants et ainsi les égaler à ses fils. C'est ce que nous voyons lorsque Jacob bénit, à l'égal de ses fils, ses

deux petits fils, Ephraïm et Manassé, après les avoir adoptés. (Genèse, **48** 5.) Le C. H. ne porte pas trace d'adoption
semblable.

II. *Adoption d'enfants étrangers à la famille.* — Le C. H.
reconnaît au chef de famille le droit d'adopter un enfant qui
n'est pas le sien et de lui donner son propre nom, alors
cet enfant ne peut lui être réclamé. (Art. 185.) Cependant,
deux cas sont prévus où l'enfant adopté retourne chez son
père : 1º S'il y a eu de la part de l'adopté, violence à l'égard
de ses parents. (Art. 186.) Nous remarquerons à ce propos
que cet article a reçu deux traductions : Scheil et Johns
mettent simplement « violence à l'égard de ses parents », ce
qui nous paraît désigner les parents naturels ; tandis que
Winckler entend « des parents adoptifs ». L'un et l'autre sens
peuvent se soutenir : dans le cas où il faudrait entendre
« parents naturels », nous aurions la sanction de l'adoption
librement consentie par les parents naturels ; ce serait la
reconnaissance de leur autorité absolue sur leurs enfants
dont rien ne saurait les séparer contre leur gré; dans le
cas où il faudrait entendre « parents adoptifs », le sens serait
que l'adopté aurait usé de violence, autrement dit aurait
frappé ses parents adoptifs, lesquels, en ce cas, le renvoient
chez ses parents naturels. Sans trancher absolument la
question, nous donnons cependant la préférence au 1er sens,
en objectant à l'interprétation Winckler que ce renvoi pur
et simple de l'enfant est en contradiction avec les mesures
édictées en l'article 193, qui vise justement l'enfant qui, au
nom de la maison de son père (ici père naturel), dédaigne le
père qui l'a élevé et la mère qui l'a élevé (parents adoptifs).
Le 2e cas où l'adopté retourne chez son père est celui où,
en l'adoptant, son père adoptif ne le compte pas parmi ses
enfants. (Art. 190.) Enfin, signalons que le C. H. a pris en

main les intérêts de l'adopté en spécifiant qu'au cas où le père adoptif se marie et a des enfants, il ne peut renvoyer l'enfant adopté qu'en lui donnant un tiers de part d'enfant. (Art. 191.)

Nous ne trouvons pas, dans le L. A. trace d'une législation archaïque sur l'adoption d'enfants étrangers à la famille, mais les parties narratives de I et E nous présentent deux passages, Genèse **15** 3 et Exode **2** 10, montrant que l'adoption n'était point inconnue en Israël. De plus, cette adoption pouvait être faite indifféremment par un homme ou par une femme, puisque, dans le premier cas, c'est Abraham qui adopte son serviteur Eliézer et en fait son héritier, et, dans le second cas, c'est la fille du Pharaon égyptien qui adopte Moïse. Seulement, quels étaient les devoirs et droits de l'adopté ? c'est ce que nous ignorons.

§ 3. — Les Esclaves

La législation de Hammourabi sur l'esclavage nous permet d'établir les points suivants : l'esclave entrait chez son maître ou par naissance (enfants d'esclaves nés dans la maison) ou par achat. Quatre articles (278-281) régissent l'acquisition et la vente des esclaves et spécifient les points suivants : 1º l'acheteur est, pendant un mois, certain que le vendeur reprendra son esclave, s'il découvre en lui une infirmité grave, ou fera droit à ses justes réclamations (art. 278-279) ; 2º les articles 280 et 281 spécifient le cas où l'esclave appartenait à quelqu'un et a été acheté en pays étranger (sans doute, un esclave fugitif ou dérobé) : si l'esclave est indigène (probablement babylonien), l'acquéreur le laisse ; si l'esclave est étranger, le maître de cet esclave ne le recouvrera qu'en dédommageant le dernier acquéreur.

L'esclave, chez son maître, forme la transition entre les personnes et les choses : ainsi, il a droit aux soins du médecin quand il est malade et son maître doit payer pour lui (art. 217-223) ; la femme esclave qui a donné des enfants à son maître, tout en restant dans une position subalterne, devient en quelque sorte membre de la famille ; elle devient inaliénable (Art. 119 et 146.) Notons, à propos d'esclaves inaliénables, que les esclaves étaient marqués d'un signe distinctif, ainsi que nous l'apprennent les articles 226 et 227; — d'autre part, l'esclave est une propriété de son maître, une chose, un bien, et de là résulte toute une législation qui touche à la législation des propriétés : l'esclave mort dans la maison d'un contraignant (art. 116), la femme esclave morte des suites de blessures reçues d'un homme libre qui n'était pas son maître (art. 214), l'esclave tué par un bœuf vicieux (art. 252), sont payés à leurs maîtres un tiers de mine d'argent ; le fœtus d'une esclave, c'est-à-dire un esclave possible venant accroître la richesse de la maison du maître, est payé, par celui qui a fait avorter l'esclave, deux sicles d'argent. En outre, dans deux cas spécifiés par le C H., l'esclave est remplacé : 1° par le mauvais architecte qui a construit une maison qui s'est écroulée (art. 231) ; 2° par le médecin maladroit qui, en opérant un esclave, le tue (art. 219) ; au cas où ce médecin ne fait qu'éborgner l'esclave, il paie la moitié du prix de cet esclave (art. 220). Enfin, l'article 116 déjà cité nous révèle que l'esclave, tout en étant soumis à son maître, jouissait d'une certaine indépendance : il avait le droit de posséder, sans doute celui de trafiquer ; il pouvait contracter des dettes personnelles, puisque cet article nous le montre dans la maison de son créancier.

En Babylonie, l'esclave pouvait sortir de chez son maître : 1° par vente ; 2° par affranchissement. Le C. H. spécifie un cas d'affranchissement : l'esclave femme qui avait eu des enfants de son maître était affranchie lors de la mort de celui-ci (Art. 171.) Y avait-il d'autres moyens d'affranchissement ? L'esclave qui avait accompli un grand acte de dévouement devenait-il libre? Ou bien l'esclave pouvait-il se racheter ? C'est ce que nous ignorons.

Si le Code spécifie un cas d'affranchissement, il spécifie aussi deux cas d'asservissement : 1° l'homme qui a laissé sa digue se rompre et qui ne peut payer le dommage cause par l'inondation dans les champs des voisins, est vendu comme esclave avec tous ses biens (art. 54) ; 2° l'homme libre pouvait vendre, pour payer ses dettes, ses femmes, ses fils et ses filles (art. 117), cependant, la femme qui s'était fait reconnaître insaisissable avant son mariage ne pouvait être vendue (art. 151). Remarquons qu'au cas où la femme légitime ne s'était pas couverte par l'article 151, nous nous trouvons en présence de ce fait peu banal que l'esclave concubine qui avait eu des enfants était inaliénable et devenait libre à la mort de son maître (art. 119, 146 et 171), tandis que l'épouse légitime était arrachée de sa maison et vendue.

Enfin, deux fautes des esclaves sont relevées dans le C. H.: 1° quand un esclave dénie à son maître ses droits, il a l'oreille coupée (art. 282) ; 2° la fuite : l'homme qui aide l'esclave à franchir les portes de la ville (art, 15), qui le cache chez lui pour aider sa fuite (art. 16) ou pour en faire son esclave (art. 19) est puni de mort ; l'homme qui ramène l'esclave à son maître reçoit deux sicles d'argent (art. 17), mais, si l'esclave refuse de nommer son maître, celui qui l'arrête le mène au palais à qui incombe le soin de le rendre à son maitre (art. 18). Enfin, si l'esclave meurt chez celui qui l'a pris, celui-ci en fait serment et est quitte (art. 20). I ne nous est pas dit quelle était la punition de l'esclave fugitif.

Ayant ainsi exposé la législation babylon'enne sur l'esclavage, reprenons-en les différents points pour les comparer au droit israélite.

Comment l'esclave entrait-il chez son maître ? Par achat ou par naissance (Exode **21**, 2, 4). Seulement, le droit isralite est muet sur la façon dont se faisaient les ventes et achats d'esclaves. Il nous semblerait étrange, si l'auteur du L. A. s'était inspiré du C. H., qu'il ait passé complètement sous silence un point de droit aussi important.

Quelles étaient les obligations du maître vis-à-vis de l'esclave ? Elles apparaissent très différentes de celles statuées par le C. H. D'abord, la question des soins à donner à l'esclave en cas de maladie n'est pas soulevée ; le maître devait-il faire soigner son esclave malade ? C'est ce que nous ignorons, nous le supposons, parce que la législation israélite nous paraît plus douce en faveur de l'esclave que celle de Babylone. En effet, trois ordonnances du L. A. (Exode, **21**/22-2 ; **21**/26, **21**-27) prennent la défense de l'esclave contre le maître brutal qui le maltraite, ce qui n'est pas le cas pour le C. H. Ici, l'esprit des deux droits nous apparaît sensiblement différent. D'autre part, rien ne nous révèle que l'esclave hébreu ait joui, comme l'esclave babylonien, d'une certaine liberté d'action : trafiquant pour son compte, contractant des dettes personnelles. Enfin, notons une lacune qui serait inexplicable, l'esclave hébreu étant une propriété de son maître, si le droit hébreu était inspiré du droit babylonien; il n'est rien dit sur la compensation du dommage fait au propriétaire d'un esclave quand celui-ci est blessé par une tierce personne. En fait, il nous semble inadmissible que cette compensation n'ait pas existé. La simple lecture du

C. H. eût dû rappeler au codificateur hébreu des cas analogues à ceux spécifiés dans le document babylonien aux articles 214, 252, 231, 219, 220 et, nul doute qu'il ne s'en soit servi pour traiter à son tour un point de droit si important.

Comme en Babylonie, l'esclave hébreu sortait de la maison de son maître par vente ou par affranchissement. Sur ce dernier point, nous avons vu que le C. H. ne prévoyait qu'un cas : celui de l'esclave concubine qui, ayant eu des enfants de son maître, devient libre à la mort de celui-ci. Le L. A. est, sur ce point, beaucoup plus riche. D'abord, il distingue l'esclave hébreu de l'esclave étranger (Exode **21**-2), et fait un droit à l'esclave hébreu d'être affranchi après avoir servi six ans. Rien de semblable n'existe dans le droit babylonien. Un deuxième cas d'affranchissement est prévu : c'est celui ou l'esclave est éborgné ou a une dent cassée par suite d'un coup de son maître (Exode **21**, 26-27) : il est libre pour son œil ou pour sa dent.

Quels sont maintenant les cas d'asservissement ? Comme en Babylonie, le chef de famille hébreu peut vendre ses enfants comme esclaves, particulièrement ses filles (Exode, **21** 7) En outre, l'asservissement est la pénalité encourue par le voleur, qui est vendu pour son larcin (Exode **22**, 2). A côté de ces cas d'asservissement forcés, il faut noter l'asservissement volontaire de l'esclave hébreu qui, ayant pris femme au cours de ses six années d'esclavage chez son maître, pouvait, pour rester avec sa femme et ses enfants, demander à son maître de le garder comme esclave ; dans ce cas, il devenait esclave pour toujours. (Exode **21**, 2 I 6). Ici encore, nous trouvons dans la loi israélite un tout autre esprit que dans la loi babylonienne. Cette idée d'un esclavage volontaire, résultat d'un choix délibéré, sans aucune contrainte, outre qu'elle ne se trouve pas en Babylonie, nous paraît unique dans les lois qui ont régi l'esclavage chez tous les peuples de l'antiquité.

Pour finir, nous trouvons une double lacune qui nous paparaît absolument inadmissible de la part d'un légiste ayant connu le C. H. Le L. A. est en effet, entièrement muet sur les fautes des esclaves et les sanctions qu'elles comportent. On ne saurait, en effet, prétendre qu'Israël n'a pas connu les deux cas de l'esclave niant les droits de son maître ou fuyant sa maison.

§ 4. — Considérations sur ce chapitre.

Nous sommes arrivé à la fin de ce chapitre sur la famille. Bien que nous n'ayons pas la prétention d'avoir tout dit sur ce sujet si important, il nous semble que nous devons jeter maintenant un regard d'ensemble et résumer les conclusions auxquelles nous sommes parvenus.

Dans un premier paragraphe, nous avons envisagé la question matrimoniale. Ce qui nous a frappé, c'est le rôle profondément différent, joué par la femme dans les deux législations.Nous avons pu nous rendre compte que cette différence de rôle provenait de la façon dont chacun des deux peuples concevait la personnalité de la femme. Tandis qu'en Babylonie,la personnalité de la femme est une réalité, ce qui amène le législateur à la considérer comme un être libre, apte à la direction de ses affaires quand elle n'est plus sous puissance de mari, nous voyons que, dans l'ancien Israël, la femme est restée comme quelque chose d'intermédiaire entre les choses et les hommes ; elle apparaît comme une propriété de valeur avec en plus le rôle essentiel d'assurer à son mari ou mieux à son maître (*baal*) une postérité nombreuse. Aussi les deux législations se ressentent-elles profondément de cette différence de conception : pendant que le légiste babylonien reconnaît à la femme certains droits, protège son bien personnel, sa dot ou *cheriqtou* contre les dilapidations possibles du mari, pendant qu'il prend un soin jaloux de ce bien de la femme, le distinguant de celui de l'époux et le suivant à travers toutes les circonstances de la vie (nous en reparlerons à propos du droit de succession) pour en assurer l'intégrité, nous ne trouvons aucun indice dans le vieux droit israélite d'un tel souci de respecter les droits de la femme ; elle est une propriété, un bien parmi les autres biens dont le frère de l'époux, héritier légitime, héritera, car la femme veuve devient, qu'elle le veuille ou non, l'épouse du frère de son mari, s'il n'y a pas d'enfants.

Dans le second paragraphe, nous avons étudié les rapports entre parents et enfants ; nous avons relevé également des différences très sensibles, surtout en ce qui concerne l'adoption. Quant aux ressemblances, nous avons cru pouvoir les expliquer sans recourir à l'hypothèse d'une connaissance du Code babylonien qu'aurait eue le légiste hébreu, mais simplement par cette remarque qu'il y a, au fond de tout droit, un droit que nous pourrions appeler droit naturel, et qui se retrouve d'autant plus facilement dans la comparaison entre les deux législations, que ces deux législations sont plus primitives.

Quant au troisième paragraphe, consacré aux esclaves, il nous a permis de relever, outre des divergences très sensibles, des lacunes dans le droit israélite, vraiment inexplicables si le codificateur hébreu avait connu le document édicté par Hammourabi.

De tout cela, nous concluons que ce chapitre sur la famille renforce notre conclusion du chapitre précédent, et le L. A. reste à nos yeux un premier essai de codification du droit coutumier israélite ne dépendant pas du C. H.

CHAPITRE V

LA PROPRIÉTÉ

§ 1. — Droit de succession

Deux traits frappent dès le début dans le droit successoral babylonien, tel que nous le présente le C. H.: 1º le droit de propriété accordé à la femme est poursuivi avec une telle rigueur à travers toutes les circonstances de sa vie que sa propriété apparaît comme inaliénable ; 2º même dans le mariage, la propriété de la femme reste absolument distincte de celle de son mari, et, en ce qui concerne les droits des enfants à l'héritage de leurs parents, constamment, la législation babylonienne édicte deux séries parallèles de lois suivant que le bien hérité était la propriété du père ou celle de la mère.

En tenant compte de ces deux principes, le droit successoral babylonien nous est apparu beaucoup plus simple, et nous l'avons résumé dans le tableau ci-après :

SUCCESSION DE LA FEMME

Comment est réglée la succession de la femme mariée

A. *La cheriqtou* est la propriété inaliénable de la femme

1° Les héritiers de 1er rang de la *cheriqtou* sont les enfants. (Art. 162, 167, 173, 174, 176.)

2° En cas de 2e mariage du mari, les enfants de chaque lit héritent de la *cheriqtou* de leur mère respective. (Art. 167.)

3° L'épouse morte sans enfants a ses frères pour héritiers, car la *cheriqtou* revient à la maison paternelle. (Art. 163, 164). Notons que, dans le mariage stérile, le mari reprend sa *tirhatou*. (Art. 163, 164).

4° Le mari n'hérite en rien de sa femme. (Art. 163, 164.)

B. *Le Noudounnou* don du mari à l'épouse pendant le mariage

1° Il ne peut sortir de la maison paternelle. (Art. 150, 171.)

2° La femme peut donner la totalité de son noudounnou à son fils préféré. (Art. 150.)

C. Mariage mixte d'une femme libre avec un esclave

La femme épouse d'un esclave reçoit, à la mort de l'esclave, la moitié du bien acquis en commun, pour ses enfants, c'est-à-dire pour les élèver, et ensuite ce bien est aux enfants.

Comment est réglée la succession de la femme non mariée

1° La prêtresse ou la prostituée reçoit une *cheriptou* ; la *cheriptou* est donc non seulement une dot de mariage, mais le don des parents à la fille qui quitte la maison paternelle. L'art. 178 (fin), l'art. 180, 181, 182, semblent montrer que la fille pourvue d'une *cheriqtou* n'hésite pas.

2° La *cheriqtou* de la prêtresse ou prostituée revient à ses frères, à moins que par contrat le père ne lui en ait laissé la libre disposition. (Art. 178, 179.)

3° La prêtresse ou prostituée qui n'a pas reçu de *cheriqtou*, ou la hiérodule (art. 181) héritent avec leurs frères, mais à leur mort leur part revient à leurs frères. (Art. 178, 180, 181.)

4° La prêtresse de Marduk à Babylone n'hérite qu'un tiers de part d'enfant, mais, à sa mort, ce bien ne revient pas nécessairement à ses frères, car elle en a la libre disposition.

5° On remarquera que, dans les seuls cas des art. 179 et 182, le bien d'une femme non mariée peut sortir de sa famille.

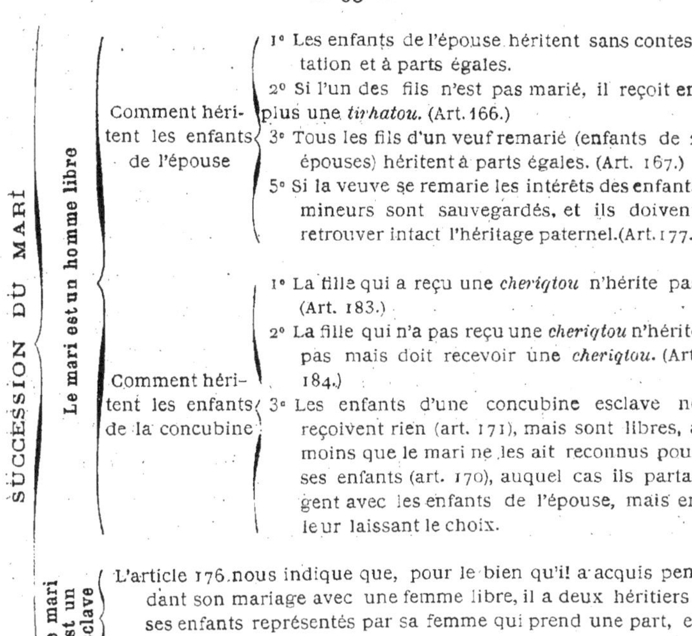

Le L. A. est absolument muet sur le droit successoral israélite.

Cependant, dans les parties narratives des sources I et E de l'Hexateuque, nous trouvons les quelques renseignements suivants : seulement les fils, non les filles et encore moins les veuves, pouvaient hériter. Il y avait le droit d'aînesse qui conférait au fils aîné la puissance de chef de famille à la mort de son père, mais le père pouvait retirer ce droit à son fils aîné. (Genèse **49** 3-4). Les fils de la concubine devaient aussi participer à l'héritage, car nous voyons Sara faire chasser Agar et Ismaël afin que celui-ci n'hérite pas avec Isaac. (Genèse, **21** 10.) A défaut d'enfants, c'était l'un des frères qui héritait et, quand il n'y avait pas de frères, l'oncle paternel. Nous remarquons ici que la femme, avec tous les autres biens, passait à l'héritier qui en faisait sa propre femme. (Genèse **38** 8-11.)

On le voit, le droit successoral israélite est fort différent du droit successoral babylonien. Il est facile de se rendre compte de la cause de cette différence. Elle est la même que celle qui différencie si profondément la famille hébraïque de celle de Babylonie : c'est le rôle que joue la femme dans l'une et l'autre législation, la place que lui assigne le législe dans chacune des deux nations. De la comparaison à laquelle nous venons de nous livrer il nous semble résulter qu'il serait difficile d'affirmer que le droit coutumier d'Israël s'est, en matière de succession, inspiré du droit babylonien ; il apparaît clairement que chaque peuple a été guidé dans sa législation par un principe totalement différent, et qu'il ne peut être question ici de dépendance d'une législation à l'égard de l'autre.

Nous avons vu comment la propriété se transmettait des parents aux enfants. Il nous faut maintenant nous occuper de ce que deveait cette propriété entre les mains de ceux qui la possédaient. Nous avons scindé ce sujet en deux. D'une part, nous examinerons ce qui a trait à la propriété foncière, et, dans le paragraphe suivant, nous étudierons ce qui regarde les biens meubles.

§ 2. — La Propriété Foncière et l'Agriculture

Une chose qui frappe, c'est que, nulle part, le C. H. ne parle de la vente ou de l'achat des biens immobiliers. Faut-il en conclure que ces biens, faisant le fonds du patrimoine familial étaient inaliénables ? Peut-être !!! Mais nous remarquerons qu'il nous manque environ 30 articles du C.H., et qu'il n'est pas certain que quelques-uns d'entre eux ne traitaient pas cette question. Aussi en l'état actuel des

choses, la question doit être réservée. Le L. A. est également-
ment muet sur ce sujet ; mais le chapitre 32 de la Genèse
nous raconte comment Abraham acheta d'Ephrom le
Hitien le champ et la caverne de Macpélah.

Le C. H. présente deux séries d'articles (27-32 et 36-41)
qui nous donnent la législation du droit de propriété des
gens de guerre. Par eux, nous apprenons : 1° que l'homme
de guerre qui a laissé à son départ ses champs en bon état·
doit les retrouver tels à son retour (art. 27), son fils en assu-
-rant la gestion, s'il est assez grand (art. 28) ; seulement,
l'article 29 nous désoriente un peu : il dit qu'au cas où le
fils est trop jeune, on donne un tiers des biens à la mère
pour élever son enfant. Alors, que deviennent les deux autres
tiers ? Il eût été intéressant de le savoir ; 2° que les biens de
l'homme de guerre ne peuvent servir à sa rançon, ils sont
inaliénables (art. 32), de même que ceux des fieffés à tribut
(nous reviendrons sur cette classe d'hommes au chapitre VI,
§ I^{ee}, a), aussi, celui qui achète leurs biens fonciers est frustré de son argent, et le propriétaire reprend son bien, même
s'il y a un contrat (art. 37). Les biens fonciers de ces hommes
ne peuvent pas non plus être transmis par contrat à leur fille
ou à leur femme, ni aliénés pour dettes, (Art. 38.) Toutefois,
exception est faite pour les biens que ces hommes ont ache-
tés. (Art. 39-40.) L'inaliénabilité des biens fonciers de l'homme de guerre ou du fieffé à tribut ne viserait donc que les
biens qu'il a hérités et qui constituent son patrimoine.—
3° L'article 41 vise le cas spécial où la propriété du guerrier
ou fieffé à tribut a été enclose par un autre ; Scheil et Johns,
d'une part, Winckler, de l'autre, présentent deux versions
assez notablement divergentes : dans l'un et l'autre cas, le
propriétaire rentre dans ses biens ; mais, doit-il payer la
clôture, ainsi que le prétendent les deux premiers assyrio-

logues, ou bien les recoit-il comme sa propriété avec les biens qu'il recouvre, comme le comprend Winckler ? C'est ce qu'actuellement nous ne pouvons dire.—4⁰ Les art. 30 et 31 prévoient un cas où l'homme de guerre et le fieffé à tribut ne rentrent pas dans leurs biens; c'est lorsqu'il les a laissés incultes et qu'un autre les a cultivés : si le nouveau gestionnaire s'acquitte de cette tâche depuis trois années, il garde le bien ; mais, si c'est seulement depuis un an, il le rend.

Le L. A. non plus que les documents I etE de l'Hexateuque,ne renferment nulle part la moindre trace d'une telle législation.Cependant, il n'est pas douteux qu'Israël, à l'époque où le L. A. fut écrit, avait ses guerriers : il serait étrange que le légiste hébreu eût connu la législation babylonienne sur les gens d'armes et ne s'en fût pas inspiré pour régler certains conflits d'intérêt qui pouvaient tout aussi bien se présenter chez les Hébreux que chez les Babyloniens. Une fois encore, nous relevons une lacune inexplicable si l'auteur du L. A. avait connu les lois de Hammourabi.

Le C. H.n'a pas ignoré le fermage ; déjà, à cette époque reculée,le propriétaire d'un champ a trouvé à propos de ne pas le cultiver lui-même et de le louer à un autre pour qu'il le cultivât. Quelles étaient les obligations des parties tenantes? C'est ce que vont nous apprendre trois séries d'articles. Dans les deux premiers, il est question du fermage tel que nous l'entendons encore aujourd'hui; où le cultivateur sans propriété loue le sol pur le cultiver à son compte ; la première série (art. 42 à 27) traite de la culture des champs proprement dits, la seconde (art. 60-65) des vergers et jardins. Quant à la troisième série (art.253-257),elle traite des obligations de l'ouvrier agricole qui loue son travail pour vivre, comme encore aujourd'hui, dans beaucoup de campagnes, les domestiques de ferme, les moissonneurs, etc. Examinons l'un après l'autre chacun de ces trois groupes d'articles.

A. *Culture des champs.* — Le fermier qui ne cultive pas en blé le champ qu'il loue à cet effet doit rendre au propriétaire selon le rendement du champ voisin (art .42); s'il ne le cultive pas du tout, il doit en outre le rendre en état (labouré et ensemencé) au propriétaire (art. 43). Dans ces deux articles, la durée du fermage n'est pas indiquée. Si le fermage d'une terre inculte est pris pour trois ans et que le laboureur ne cultive pas la terre, il doit, la quatrième année, la mettre en état, et mesurer 10 *gour* de blé par 10 *gan* de superficie (*gour:* 350 litres ; *gan:* 3040 m² environ). (Art.44.) Qui supporte le dommage causé par l'orage ? Le cultivateur, s'il a déjà payé le revenu au propriétaire (art. 45); les deux ensemble, si le revenu n'est pas encore payé, puisque le blé qui reste est partagé suivant les conventions (art. 46). L'article 47 nous apprend que, pendant la première année, le fermier qui n'a pas encore aménagé sa maison peut se faire remplacer dans la culture des champs, sans que le propriétaire ait rien à y objecter.

B. *Culture des jardins ou vergers.* — Le jardinier qui loue un champ pour l'aménager en verger le soigne pendant quatre ans, et, la cinquième année, partage à parts égales avec le propriétaire. (**Art.** 6o.) Il eût été intéressant, au cas où le verger produirait avant la cinquième année, de savoir à qui était le rapport ? Le jardinier qui laisse une partie du verger inculte la reçoit dans sa part. (Art. 61.) S'il ne remplit pas du tout ses obligations, il mesure du grain au propriétaire selon le rapport du voisin, pendant les années de sa négligence ; ensuite, il doit façonner le champ à travailler et le rendre au propriétaire (art. 62) ; s'il s'agit d'une terre inculte, il la met en état et donne, pour chaque année, dix *gour* de blé par 10 *gan* de superficie (art. 63). Le jardinier a droit au tiers du rapport du verger qu'il soigne (art. 64) ; mais, s'il le soigne mal et en diminue le rapport, il mesure au propriétaire suivant le rendement du voisin (art.65).

C. *Obligations de celui qui se loue pour son travail.* — Probité et bon entretien du champ, avec tout ce qui lui était confié, tels étaient les devoirs du domestique agricole. En effet, celui qui vole les plants ou la semence a les mains coupées (art. 253); celui qui épuise les bœufs et prend la semence doit restituer la quantité de blé qu'il a ensemencée (art. 254) ; celui qui loue (à une tierce personne) le bœuf de son maître, vole la graine et ne fait pas produire le champ, doit donner une indemnité, sur laquelle les traducteurs ne sont pas d'accord: Scheil 6 *gour*, Winckler 60 *gour* et Johns 600 *gour* de blé par 10 *gan*. (Art. 255.) Au cas où le district auquel appartient ce domestique ne peut fournir l'indemnité, on le laisse sur le champ parmi le bétail. (Sans doute, il devient esclave.) (Art. 256). Notons que ce domestique se louait pour huit *gour* de blé par an. (Art. 257).

Le code, dont la législation sur le fermage est déjà si complète, prévoyait encore (art. 48-52 et *a*) le fermage des champs donnés en garantie d'une dette, et déterminait les droits du propriétaire, du fermier et du créancier, savoir : d'après les articles 49 et *a*, il semble que le fermier d'un tel champ ne recueillait rien ; dans un seul cas, le créancier perdait l'intérêt de son obligation : c'est quand le mauvais temps (orage ou séchersesse) fait manquer la récolte (art. 48); en outre, le débiteur devait payer sa dette en argent (art. 49, 50 et *a*); cependant, s'il n'avait pas d'argent, il pouvait payer en nature et selon le tarif du roi (art. 51) ; enfin, le fait que le fermier n'a pas cultivé le champ n'enlève rien aux obligations du propriétaire obéré par une dette.

Alors que le C. H. nous présente une législation si complète sur le fermage, il nous faut constater le mutisme ab-. solu de L. A. et des parties anciennes de l'Hexateuque. Qu'en conclure ? Nous sommes assez embarrassé ; cependant, les personnages bibliques de ces époques reculées, non seulement les patriarches, mais encore les juges et les premiers rois, nous sont présentés, eux et leurs familles, comme s'occupant eux-mêmes de l'élevage de leurs troupeaux et de la culture de leurs champs ; nulle part, il n'y est question d'un cultivateur prenant soin d'un sol qui n'est pas le sien, et cela à son compte ; il nous paraît donc vraisemblable d'admettre que le fermage, qui paraît s'être pratiqué sur une très large échelle en Babylonie, si nous en jugeons par les soins apportés par le législateur pour délimiter les obligations et droits du fermier, était, sinon inconnu en Israël, du moins un cas d'exception qui n'a pas laissé de trace dans l'antique droit hébreu. Ici, l'organisation nous apparaît tout autre chez les deux peuples : parmi les Babyloniens, il devait y avoir de grands propriétaires terriens qui, ne pouvant faire valoir tous leurs biens, les louaient, tandis qu'en Israël, le morcellement plus grand de la propriété permettait à chaque famille de cultiver elle-même son bien. De plus, la vaste plaine de Babylone pouvait mieux se prêter aux grandes exploitations agricoles que la Palestine, montueuse et vallonnée. Ceci nous semble-t-il explique amplement la légistion si complète du C. H. et le mutisme absolu du L. A.

Le C. H. s'est aussi préoccupé de régler les responsabilités au sujet des déprédations commises dans les champs ; voici les principaux points de cette réglementation: l'homme négligent qui n'entretenait pas sa digue (art. 53), ou qui, ouvrant une rigole, inonde le champ du voisin (art. 55) doit restituer le blé qu'il a détruit ; s'il ne le peut pas, sa personne et ses biens sont vendus au profit des sinistrés. Le berger qui fait paître son troupeau dans un champ sans l'assentiment du maître de ce champ doit une indemnité de 20 *gour* de blé par 10 *gan* (art. 57) ; de plus, le berger qui fait paître son bétail après que le bétail entier est remisé (sans doute après le coucher du soleil) garde le champ qu'il a fourragé, et, à la moisson, mesure 60 *gour* de blé par 10 *gan* (art. 58). Enfin, l'homme qui coupe un arbre à l'insu du maître du verger doit payer une demi-mine d'argent.

Le L. A. a, lui aussi, réglementé les déprédations causées dans les champs. Il a cependant, sur ce point, une physionomie qui lui est propre. En effet, il ignore, et ceci est tout naturel, les dégâts causés par les eaux d'irrigation mal dirigées par la négligence ou la maladresse d'un cultivateur. Cette lacune du document hébreu s'explique par le fait que la constitution géologique et hydrographique de la Palestine était profondément différente de celle de la Babylonie : le premier de ces deux pays, avec son relief tourmenté, son absence de rivières importantes, rendait impossible l'établissement d'un système de canaux d'irrigation semblable à celui qui existait dans la vaste plaine arrosée par deux fleuves puissants, l'Euphrate et le Tigre, où se trouvait Babylone.

Le L. A. relève également le cas de déprédations faites par le bétail paissant dans un champ, et en rend responsable le propriétaire du bétail. (Exode **22**-4.) Il faut noter avec soin ici que le L. A. règle en cas de déprédation sur lequel le C. H. est absolument muet, ce qui peut nous permettre davantage encore d'affirmer l'indépendance du premier par rapport au second. Le cas prévu par le légiste hébreu est celui où la récolte est détruite par le feu : l'incendiaire doit, en ce cas, payer le dommage. (Exode **22**-5.)

A côté de la culture du champ, il y avait l'élevage. Outre les articles 57 et 58 vus ci-dessus, le C. H. nous instruit des devoirs du berger dans les articles 264-267. Ces devoirs sont : 1º éviter toutes déprédations dans les champs, sous peine de dommages-intérêts (art. 57-58) ; 2º veiller à faire fructifier son troupeau et à n'en pas décroître la reproduction, sous peine d'avoir à livrer à ses frais petits et revenus, selon les conventions (art. 264) ; 3º ne pas prévariquer ni vendre du bétail à l'insu du propriétaire, sous peine de rendre dix fois autant (art. 265); 4º tenir sa bergerie en état, afin que le troupeau échappe, dans la mesure du possible, à la dent et à la griffe des fauves (art. 266-267). Notons de suite que le berger se louait 8 *gour* de blé par an (art. 261) et le bouvier pour 6 *gour* (art. 258). La législation israélite que nous trouvons dans le L. A. est tout aussi complète sur ce point que celle des Babyloniens, mais elle présente des divergences sensibles, qui nous semblent montrer ici encore l'indépendance du légiste hébreu à l'égard du droit babylonien. Le L. A. statue en effet : 1º que le berger est responsable des déprédations faites par son troupeau dans le champ du voisin (Exode 22-3): ceci est identique à ce qui est statué dans le C. H.; mais c'etait tellement naturel, que nous ne voyons pas comment il eût pu en être autrement ; — 2º que le berger répond du bétail mangé par les fauves (Exode **22**, 11) ; — 3º qu'il est responsable et doit rembourser le bétail qui lui a été dérobé (Exode, **22** 10) : notons que ce cas n'est pas prévu dans le C. H, ce qui paraît anormal, puisqu'il règle le cas où des objets confiés en dépôt sont dérobés chez le dépositaire (art. 125) ; — 4º dans le cas de mort du bétail ou d'un accident lui survenant, le serment de Iahveh (c'est-à-dire prononcé devant Iahveh) sera entre le propriétaire et le berger, et, si le gardien n'a pas porté la main sur (c'est-à-dire

maltraité) le bétail, il sera quitte (Exode **22**, 8-9) ; — 5° en
cas de contestation entre le propriétaire et le berger, le premier accusant le second de prévarication et de fraude,
l'affaire est portée devant le juge, et celui qui a tort paie le
double à son prochain (Exode **22**, 7) ; il est intéressant de
constater qu'ici, le dommage causé au berger dans sa répu-
tation est, s'il a raison, ainsi compensé et qu'il n'est pas loi-
sible au propriétaire d'accuser son berger à la légère ; ce
sentiment juste du dommage causé par une accusation et
qui doit être réparé ne paraît pas exister dans le C. H.

Pour en finir avec les biens immobiliers, nous ferons
observer que la partie effacée du C. H. devait contenir des
articles sur la location des maisons, puisque l'un des trois
articles reconstitués (*b*) traite de la résiliation du bail par
le propriétaire et des droits du locataire. D'autre part, l'article 121 nous informe qu'une partie de la maison pouvait
être louée comme magasin à blé à raison de 5 *qa* (1 *qa* : 0 l
994) par *gour* emmagasiné.

Le L. A, sur ce point, est absolument muet. Sans doute
en était -il de la location des maisons comme du fermage
des champs. De même que chaque famille possédait ses
champs et les cultivait, de même elle possédait ses locaux
d'habitation et y demeurait.

§ 3. — **La propriété mobilière et le commerce**

Tenant à l'agriculture et à la propriété mobilière par
son origine, le bétail n'est cependant plus une propriété
immobilière. Nous avons vu ce qui a trait à l'élevage ; nous
allons examiner maintenant comment on l'employait. Le
C. H. nous apprend qu'on faisait travailler le bétail pour
soi ou qu'on le louait à autrui. Plusieurs articles règlent

cette location : art. 241, 249, 268-271. Les prix de location étaient les suivants : bœuf de labour, 4 *gour* de blé par an (art. 242); bœuf de somme, 3 *gour* par an (art. 243); bœuf pour fouler le blé, 20 *qa* ; l'âne, 10 *qa* ; le jeune animal, (ânon ou veau), 1 *qa* (art. 268-270) ; l'attelage complet (bœufs, chariot et conducteur, 180 *qa* par jour (art. 271). Le locataire est responsable du bétail loué, sauf en deux cas : 1° si le lion le tue (art. 244) ; 2° s'il lui survient un accident dans ce dernier cas, le locataire jure par le nom de Dieu et il est quitte (art. 249). Les dépréciations causées au bétail par les mauvais traitements du locataire sont compensés ainsi qu'il suit : le bœuf mort de mauvais traitements, ou dont le pied a été brisé ou la nuque coupée, est remplacé (art. 245-246) ; le bœuf dont on a crevé l'œil est remboursé à la moitié de sa valeur (art. 247) ; celui dont la corne a été brisée, la queue coupée ou le dessus du museau tranché est remboursé au quart de sa valeur.

Sur l'emploi du bétail et sur les garanties de propriété données au possesseur, le L. A. présente une législation assez complète. Nous y voyons, en effet : 1° que le bétail se louait, et que le locataire était responsable du bétail quand son maître n'était pas avec lui (Exode **22** 12) ; mais, si le maître du bétail était présent, le locataire n'en répondait plus, et même recouvrait le prix de la location au cas où l'animal mourait. Nous remarquerons combien cette façon d'établir la responsabilité du locataire d'après la présence où l'absence du propriétaire du bétail différencie le L. A. du C. d'H. (Exode, **22** 13) ; 2° que l'homme qui, à l'insu du propriétaire, causait la mort d'un bœuf, soit en ne recouvrant pas une fosse creusée où l'animal tombait (Exode **21** 33-34), soit en n'entravant pas son propre bœuf qui frappait des cornes fréquemment

(Exode, 21-36) était re-ponsable et devait indemniser le propriétaire du bœuf tué ; 3° au ca-où le bœuf qui tuait n'avait pas encore fait connaître son vice (Exode, **21**-35) on le vendait et les deux propriétaires en contestation partageaient son prix et partageaient aussi le bœuf mort. Notons encore que les dispositions des points 2 et 3 sont spéciales au droit istraélite et n'ont pas d'équivalent dans le droit babylonien.Ici encore, indépendance du document hébreu.

Les objets mobiliers produits du sol ou autre donnaient lieu à un commerce actif en Babylonie comme en Israel"; pour plus de clarté nous avons réuni les différentes dispositions légales sous les rubriques suivantes achats et ventes, dépôts et entrepôts; courtage commercial et transports (batellerie); créanciers et débiteurs ; salaire des ouvriers d'industrie.

Pour les achats et les ventes, le C. H. statue les points suivants : 1° l'achat sans contrat des mains d'un esclave ou d'un fils d'homme libre (c'est-à-dire à l'insu du maître de la maison) est un vol (art. 7) ; 2° l'achat des objets perdus est nul,le propriétaire reprend son bien et l'acheteur est remboursé sur les biens du vendeur qui est assimilié à un voleur (art. 9.); 3° l'achat du don que le roi a fait à un officier est nul et l'acheteur est frustré de son argent (art. 35); 4°.il en est de même pour l'achat d'objets appartenant aux en-ants d'une veuve art. 177); 5° -es différents articles sur le commerce nous révèlent qu'un marché n'est valable que si un contrat est signé entre les deux parties.

Le commerce par achat et vente et, non par simple échange. fut connu des anciens Israélites ; ainsi, nous voyons Abraham acheter pour 400 sicles la caverne de Macpélah (Genèse **23**) ; les fils de Jacob vendent pour trente sicles Joseph comme esclave à des marchands ismaélites (Genèse **37**) ; pour de l'argent encore, ils iront à différentes reprises acheter du blé en Egypte. Cependant, il est intéressant de constater que nulle part, dans les anciens écrits I et E, il n'est fourni d'indications permettant d'établir quand un marché était ou n'était pas valable ; il apparaît même que la garantie par contrat exigée en Babylonie ne l'était pas en Israël. Il nous semble que, si le droit babylonien avait inspiré les écrivains hébreux, nous devrions trouver au moins dans la partie législative quelques cas prévus comme présentant des transactions légalement nulles. En effet, il nous semble que nous pouvons affirmer sans témérité que la vente d'objets perdus et trouvés par une tierce personne, vente effectuée par et au profit d'une tierce personne, devait se produire en Israël ; il nous semblerait étrange qu'il n'en soit pas question, si le codificateur du droit coutumier avait été inspiré par le droit babylonien, d'autant plus que le L. A statue.d'autre part (Exode **23** 4), que le bœuf ou l'âne errant doit être ramené à son propriétaire et non gardé par celui qui le trouve, et que l'objet perdu n'appartient pas à celui qui le trouve (Exode **22** 8).

Le C. H. règle de la façon suivante le dépôt en magasin ou entre les mains d'un tiers : 1° le dépositaire est responsable des biens déposés chez lui (art. 120 et 125) ; en cas de contestation, s'il a tort ou s'il a dérobé, ou si les objets déposés se sont abîmés chez lui, il rend au double (art. 120 et 124) ; dans le seul cas où il a été lui-même volé, il rend sans doubler au propriétaire des biens qu'il avait en dépôt (art. 125) ; — 2° un dépôt n'est valable que si un contrat a été passé entre le déposant et le dépositaire (art. 122 et 123) ; — celui qui reçoit un dépôt d'un esclave ou d'un fils d'homme libre (c'est-à-dire à l'insu du propriétaire) est assimilé à un voleur (art. 7).

Le L. A., en Exode **22**, 6-7, 9-12, rend comme le C. H. le dépositaire entièrement responsable, mais il ne dit pas s'il fallait un contrat pour qu'un dépôt soit valable, et si celui qui recevait un dépôt fait par un esclave ou un fils d'homme libre était regardé comme un voleur. De plus, le L. A. est muet sur les questions de courtage commercial et de transport des marchandises, qui cependant sont traitées avec soin dans le C. H., les premières dans les articles 100-107, les secondes dans les articles 112 et surtout 234-240 relatifs à la batellerie. Ici apparaît une différence sensible entre les deux peuples : tandis que chez les Babyloniens, le commerce nous semble avoir été très actif, et a nécessité, à cause des conflits auxquels il donnait ou pouvait donner lieu, une législation complète permettant de régler juridiquement les différends possibles, on peut penser que, chez les Israélites anciens, le commerce tenait une petite place et se faisait sous des formes simples et peu sujettes à des contestations D'ailleurs, les commerçants étaient surtout des étrangers, des Cananéens.

Les opérations de crédit paraissent avoir joué un rôle important dans les relations commerciales des Babyloniens. Voici les dispositions que nous avons relevées dans le C. H.: 1° la créance pouvait être productive d'intérêt, et, dans un seul cas, l'intérêt n'était pas dû pour l'année : quand la créance portait sur un champ de blé dont la récolte était perdue par le mauvais temps (art. 48) ; 2° comment le créancier rentrait-il dans son argent ? Il ne pouvait se rembourser lui-même sous peine de perdre sa créance (art. 114), mais il avait deux moyens à sa disposition : d'abord, la contrainte exercée sur le débiteur (art. 113-116), mais il devait prendre soin du contraint et le traiter sans rigueur (art. 116), et prendre garde de ne pas exercer sa contrainte sans motif, sous peine de payer un tiers de mine par contrainte non justifiée (art. 114) ; ensuite, en acceptant les propositions de son débiteur qui pouvait se libérer de sa dette, soit en laissant sa famille en servitude (cette servitude, d'après l'art. 117, ne pouvait dépasser trois ans), soit en lui donnant un ou une esclave (art. 118), soit en remboursant sa dette en espèces ou par une valeur équivalente d'objets en nature, évalués d'après le tarif du roi (art. *c*, 50, 51).

Le L.A. a connu, lui aussi, des dettes et de l'intérêt pour prêt d'argent, mais il est à propos de remarquer ici qu'alors qu'il est muet sur les différents cas soulevés par le C.H., il contient deux dispositions qui révèlent un tout autre esprit. D'abord, il ne laisse pas le pauvre exposé à la cupidité du riche, et les deux articles sur le prêt visent nettement la défense du pauvre, le premier en interdisant l'usure (Exode **22** 24), le second en spécifiant que, pour le prêt sur gage, si le gage reçu était le vêtement du débiteur, le créancier devait le rendre avant le coucher du soleil, car le débiteur en avait besoin pour couvrir son corps (Exode **22**, 24-25). Nulle part, nous ne trouvons dans le C. H. une telle préoccupation de défense légale des droits du pauvre.

§ 4. — Le vol

Si nous faisons un paragraphe à part pour le vol, c'est autant pour son caractère spécial que pour l'importance que lui donnent les deux législations que nous comparons. Nous disons son caractère spécial ; en effet, il ne s'agit plus de contestations où chacun est de bonne foi, ou d'accidents dont il faut déterminer les responsabilités, mais bien d'atteintes à la propriété par des individus qui, sciemment, se mettent hors la loi et dont le but évident est de s'emparer du bien de leur prochain. Deux points seraient à examiner : 1º ce qui était considéré comme vol ; 2º les châtiments infligés aux voleurs. Toutefois, nous ne traiterons pas ici le deuxième point, qui ferait double emploi avec le chap. VI, § 2, *c*, auquel nous renvoyons.

Deux actes, en dehors du vol proprement dit, étaient considérés comme vols dans le C. H.: 1º recevoir en dépôt et acheter, sans témoins ni contrat, quoi que ce soit du fils ou de l'esclave d'un homme, c'est-à-dire à l'insu du propriétaire de l'objet déposé ou vendu (art. 7) ; 2º vendre un objet perdu que l'on a trouvé, au lieu de le rendre à son propriétaire. Notons en outre que le Code punit aussi sévèrement le recel que le vol lui-même (art. 7.)

Le L. A. ne parle que du vol lui-même et est complètement muet sur les deux cas que le C. H. assimile au vol.

§ 5. — **Protection de la vie et de l'honneur**

Il nous a semblé à propos de dire, avant de clore ce chapitre, ce que, dans l'une et l'autre législation, on faisait pour défendre deux biens qui, pour être d'une autre nature que les biens qui constituent ce qu'on appelle spécifiquement la propriété n'en sont pas moins précieux ; bien au contraire, nous voulons parler de la vie et de l'honneur.

En Babylonie, la protection de la vie de l'individu commençait dès avant sa naissance, car les art. 209, 211 et 213 punissent ceux qui, au cours d'une querelle, ont frappé une femme en état de grossesse et ont provoqué la chute du fœtus. Le nouveau-né que ses parents ne pouvaient élever eux-mêmes était protégé en nourrice par l'art. 194. Au cours de son existence, l'homme était défendu : 1º contre les accidents provenant, soit de la chute d'une maison (art. 229-231), soit de la maladresse d'un chirurgien (art. 218-220); 2° contre les coups et blessures reçus au cour d'une dispute (art. 196-208, 210, 212, 214) ; 3° contre les mauvais traitements qu'il aurait pu subir de la part d'un créancier exerçant une contrainte sur lui (art. 116) ; 4° contre les blessures que pouvait lui faire un animal vicieux (art. 251). D'un autre côté, le meurtre était sévèrement puni (art. 153). Enfin, la magie et la sorcellerie étaient réprimées dans les articles 1 et 2.

Dans le L. A., nous retrouvons plusieurs points de la législation du C.H., mais avec des divergences et aussi des lacunes. En premier lieu, la protection de l'enfant non encore né se retrouve dans Exode **21** 22-23. Mais, par contre, il n'est pas question de punir la nourrice qui laisse mourir son nourrisson ; cependant, il y a là quelque chose d'intéressant pour notre comparaison entre les deux codes; en effet, il avait des nourrices en Israël, ainsi qu'en témoignent Génèse **24**, 59, Exode, **27**. Dans ces conditions, il nous semblait étrange, au cas où le législateur hébreu se serait inspiré du C. H., qu'il n'ait pas essayé de fixer les obligations des nourrices israélites. Une autre lacune qui nous apparaît tout aussi inexplicable : le L. A. et aucun document ancien de l'Hexateuque ne parlent de la responsabilité des architectes et des médecins et ne protège la vie de l'individu contre leur maladresse . Protection de la vie est accordée contre les coups et blessures au cours d'une querelle (Exode **20** 18-27), mais il suffit de rapprocher Exode **20** 18-27 et C. H. art. 196-208, 210, 212 et 214 pour se rendre compte, rien que par la façon dont sont formulés les cas, de la profonde différence existant entre les deux législations. Il est aussi intéressant d'observer que, dans Exode **21** 28-32 où le vie est protégée, contre l'attaque d'animaux vicieux, l'animal est rendu res-

ponsable de l'accident et lapidé ; ceci n'est pas statué dans
le C. H. Différenciation notable dans les ordonnances sur le
meurtre (Exode **21** 12-14). Le législateur hébreu a soin de
tenir compte de la différence entre ce que nous appellerions
aujourd'hui le meurtre sans préméditation et le meurtre
avec préméditation ; dans le premier cas, des endroits de
refuge permettent au meurtrier d'échapper à la mort.

Quant à l'honneur, le C. H. le protégeait contre la calomnie et la fausse accusation.(Art. 11 et 127.) La marque
d'infamie ou d'esclavage faussement faite à un homme
entraînait pour celui qui l'avait faite ou fait faire, sachant
qu'il outrepassait ses droits, un châtiment sévère. (Art.226
et 227.) La jeune fille était protégée contre le viol par l'art.
130. Notons ici que l'inceste et la fréquentation de la même
femme à la fois par le père et le fils étaient pour les coupables
l'objet de dispositions sévères. (Art. 154-158.) Enfin, l'autorité des parents était protégée par les art. 192, 193 et 195.

Dans le L.A., la colomnie et la fausse accusation sont dé-
fendues en Exode **23** 1-2. Ici encore, nous notons trois lacunes surprenantes : si le légiste bébreu s'est inspiré du code
babylonien : 1º il n'est pas question de la marque d'esclavage
ou d'infamie appliquée à tort ; or nous savons cependant
qu'en Israël, certains esclaves étaient marqués (Exode, **21** 6):
est-ce qu'il n'y eut à ce sujet aucune contestation ? Cela
nous paraît peu probable ; pourquoi alors, à l'instar du
code babylonien, le légiste hébreu ne leur a-t-il pas donné
de sanction ? 2º Le L. A. est muet sur le viol et sa sanction.
Cependant, le droit coutumier d'Israël n'a pas ignoré ce fait.
Le chapitre **34** de la Genèse nous apprend, en effet, que les
fils de Jacob vengèrent leur sœur Dina violée par Sichem,
fils de Hémor, en tuant Sichem, bien qu'un accord fût in-
tervenu entre Jacob et Hémor. Or cela était dans l'ordre des

choses du droit coutumier, ainsi qu'en témoigne la réponse que firent à leur père les fils de Jacob quand il leur demanda compte de leur acte (v. 31) — 3° La, lecture de la Genèse **44** 9 nous montre que l'inceste n'était point chose inconnue et Jacob retire à son premier-né Ruben la prééminence, parce qu'il a souillé la couche parternelle. Or, sur ce point encore, le L. A. est muet, tandis que le C. H. a 5 articles sur le sujet.

Enfin, deux ordonnances spéciales au L. A. (Exode **22** 20 et **23** 9 nous placent en présence d'un état de choses profondément différent de ce qui existait en Babylonie.

Ces deux ordonnances demandent qu'on traite l'étranger avec douceur. Toutefois, il nous faut faire une distinction importante. Nos versions françaises de la Bible traduisent par le même terme « étranger » deux mots hébreux très différents, savoir : *ger* et *nokeri*. C'est de la première classe, du *ger*, que parle le L. A. Qu'était-ce que le *ger* ? C'était un homme qui, pour des motifs personnels, quittait sa famille, sa tribu, voire même son peuple pour se placer sous la protection d'une autre famille ou tribu, ou d'un autre peuple. Il s'en suit que le *ger* n'était pas forcément un non-Israélite; un étranger au sens où nous entendons ce terme aujourd'hui; le mot latin *cliens* rendrait plus exactement le sens du terme hébreu. Le fait que le *ger* pouvait être un Israélite, qu'il était un bénéficiaire de la protection accordée par la coutume israélite lui a naturellement marqué sa place dans la législation des Hébreux. Quant au *nokeri*, qui est proprement l'étranger, le L. A. ni aucun document de l'ancien droit israélite n'en fait mention pour lui accorder quelque droit que ce soit. La coutume du *ger* est propre aux nomades sémitiques; encore aujourd'hui, on la retrouve chez les Arabes nomades, où, fréquemment, pour échapper au vengeur du sang, un meurtrier quitte sa propre tribu pour aller se mettre sous la protection d'une autre. Quelle était la situation du *ger*.? Sans être considéré comme esclave, il devait cependant avoir certains devoirs à remplir et être tenu dans une situation inférieure, et le but des ordonnances contenues dans Exode **22** 20 et **23** 9 était d'empêcher que cette infériorité sociale ne devînt un prétexte à l'oppression.

Il est très caractéristique que cette institution purement sémitique du *ger* ne soit pas visée dans le C. H. Elle avait sans doute disparu dans le grand mélange de races qui formait l'empire babylonien. Cette lacune du C. H. dénote un état de choses profondément différent dans les deux pays, et, en tenant compte de cette différence, l'auteur du L.A garde sa propre originalité.

CHAPITRE VI

L'ORGANISATION SOCIALE ET JUDICIAIRE

§ 1. — L'organisatiou sociale en Babylonie

La lecture attentive du C. H. nous permet de distinguer immédiatement trois grandes classes dans la société babylonienne : 1° les hommes libres ; 2° les mouchkinou ; 3° les esclaves.

a) Les hommes libres

Parmi les hommes libres, il est assez difficile d'établir des distinctions : toutefois, les palais et les temples paraissent avoir joui de privilèges spéciaux dont nous trouvons des traces dans les articles 6 et 8. Par palais, nous pensons qu'il faut entendre, dans la ville capitale le roi lui-même ; dans les autres villes, son représentant légal, avec, cela va de soi, tous ceux qui étaient en service dans le palais à titre d'hommes libres et qui, vraisemblablement, comme dans toutes les monarchies, étaient choisis parmi les familles les plus considérables ou les plus distinguées. De même, par le temple, il faudrait entendre, non seulement le bâtiment et le Dieu qu'on y adorait, mais encore l'ensemble des prêtres et des prêtresses qui en assuraient le service ; une législation spéciale existe d'ailleurs pour les prêtresses dans les articles 110, 178-182. Ces deux classes avaient-elles des privilèges et, si oui, étaient-ils importants ? C'est ce que nous ne pouvons absolument pas dire en nous en référant simplement au C. H.

Une autre classe d'hommes libres est l'objet d'une législation spéciale (art. 26-40) : c'est celle des hommes de guerre. Il ne nous paraît pas que les quinze articles la concernant permettent de statuer pour elle des privilèges spéciaux. Les cinq derniers de ces articles mentionnent, comme y étant également soumis une catégorie d'hommes que Scheil appelle « fieffés à tribut », Johns « tributaires » et Winckler « censitaires » (*zinspflichtig*). Qu'étaient-ils exactement ? Y avait-il, comme le laisserait soupçonner la traduction de Scheil, une féodalité babylonienne ? Ce sont questions qu'actuellement nous ne pouvons résoudre.

Ce qui reste certain, c'est que, parmi les hommes libres, nous pouvons distinguer cinq classes, les quatre premières ayant des droits et des devoirs particuliers : 1° les hommes du palais ; 2° les prêtres et prêtresses ; 3° les hommes de guerre ; 4° les *nachi-bilti* (fieffés à tribut, d'après Scheil), et 5° les hommes libres en dehors de ces quatre premières classes.

b) Les mouchkinou

Le *mouchkinou*, dont le nom se retrouve dans la langue hébraïque : *mis'ken* (italien : *meschino, meschinello* ; portugais : *mesquinho*, français : *mesquin*), occupait un rang inférieur à l'homme libre ; ses peines étaient moindres, mais aussi ses récompenses et les compensations auxquelles il avait droit pour dommages et offenses reçues. (Art. 8, 15, 140, 175, 176, 198, 201, 204, 208, 211, 216, 219, 222.) — La traduction de ce terme est assez difficile : la traduction de Johns «homme pauvre» ne nous paraît pas exacte, car il n'était pas forcément pauvre, puisqu'il avait des esclaves et des biens (art. 15)) ; celle de Müller, qui l'appelle un «*Armenstiftler*», nous parait encore moins juste, car le *mouchkinou* nulle par n'apparaît comme un pauvre recueilli dans un asile ; Winckler l'appelle « affranchi »; nous ne voyons pas pourquoi : rien dans le C. H. ne nous fait supposer que le *mouchkinou* ait été primitivement esclave. En définitive, dans ses biens, le *mouchkinou* ne se distingue pas de l'homme libre, puisqu'il possède même des esclaves ; mais, socialement, il est d'une classe à part, incontestablement inférieure à celle des hommes libres. C'est tout ce que nous pouvons constater. Quelle est l'origine de cette distinction entre homme libre et *mouchkinou* ? Dans l'état actuel de nos connaissances, beaucoup d'hypothèses sont possibles ; je donnerai comme les plus vraisemblables les deux suivantes : 1° les *mouchkinou* étaient les descendants des peuples autochtones soumis par les Babyloniens, qui représentent une invasion sémite au pays de Summer et d'Accad ; 2° c'étaient d'anciens esclaves devenus libres, soit qu'il se soient rachetés, soit que leurs maîtres, à la suite d'actes de dévouement ou de services extraordinaires, leur aient rendu la liberté. Mais, ne l'oublions pas, ce ne sont que des hypothèses, et rien ne m'autorise à traduire le mot *mouchkinou* » par asservi » ou « affranchi ». Le plus simple est donc de garder le terme babylonien lui-même, ainsi que l'a fait Scheil.

c) Les esclaves

Les esclaves, par eux-mêmes, n'étaient pas de conditions différentes ; ils étaient tous esclaves et rien d'autre. Cependant, il y avait des distinctions ; elles étaient dues à l'import^nce et au rang du propriétaire : ainsi, l'esclave du palais et du temple était plus considéré que celui de l'homme libre et celui ci plus que l'esclave du *mouchkinou*.

En résumé, la hiérarchie babylonienne que nous présente le C. H. tient dans le tableau suivant :

Hommes libres.
1. Hommes du palais.
2. Classe sacerdotale.
3. Hommes de guerre.
4. *nachi-bilti*.
5. Hommes libres autres que ceux ci-dessus.

Mouchkinou.

Esclaves . . .
1. Esc'aves du palais ou du temple.
2. Esc'aves des autres hommes libres.
3. E;claves des *mouchkinou*.

§ 2 — L'organisation sociale en Israël

En Israël, nous sommes loin de trouver une organisation sociale aussi compliquée légalement. Trois classes se trouvent : 1º les hommes libres; 2º les étrangers ; 3º les esclaves. Examinons ce que nous pouvons connaître sur chacune d'elles.

a) Les hommes libres

Pratiquement, il y avait, en Israël, à l'époque où furent pomulguées les ordonnances du L. A., des hommes de guerre et des prêtres ; mais nous ne voyons pas, dans le L.A., qu'il il y avait à leur égard une législation spéciale les concernant; nous ne trouvons pas non plus, dans les parties I et E de l'Hexateuque, trace d'un droit particulier aux guerriers ou à la classe sacerdotale. En réalité, les hommes libres étaient, dans l'ancien Israël, tous égaux légalement, et la loi ne s'occupait nullement de leurs fonctions sociales, mais simplement de leurs qualités d'hommes libres. Il y a là incontestablement une différence notable entre les deux législations baby onienne et hébraïque primitive, qui nous semble en faveur de l'indépendance de la seconde à l'égard de la première.

b) Les étrangers (1)

En Israël, nous ne trouvons pas, et ceci marque une notable différence dans l'organisation sociale, la classe intermédiaire des *mouchkinou ;* mais, nous trouvons mentionnés les étrangers. Nous avons vu précédemment qu'ils étaient probablement les anciens possesseurs du sol supplantés par les Israélites ; cependant, il n'y avait pas que cette espèce d'étrangers ; il dut y avo'r, compris dans cette appellation : 1º cette espèce de population mêlée qui, d'après Exode **12** 38 accompagnait Israël dans son exode, et qui vraisemblablement entra avec le peuple hébreu dans la Palestine ; 2º des fugitifs, des serviteurs d'autres nations, des marchands venus pour leur commerce. Ici encore, si nous pouvons, d'après leur origine, leur situation sociale, statuer des divisions dans la classe des étrangers comme nous l'avons fait dans celle des hommes libres, il nous faut reconnaître que, légalement, rien ne vient étalir entre eux de différences. La seule chose que nous sachions à leur sujet, c'e t qu'ils doivent être traités avec douceur (Exode **22** 20 et **23** 9). Jusqu'à quel point faisaient-ils partie de la nation,

(1) L'étranger dont il s'agit ici est le *ger* et non le *nokeri.*

-quels étaient leurs droits et leurs devoirs, leurs privilèges
et leurs charges ? C'est ce que nous ignorons absolument, du
moins quant à l'antique législation hébraïque, telle que nous
la présentent les documents I et E de l'Hexateuque.

c) Les esclaves

Pour eux non p'us, nous ne pouvons légalement établir
de distinction : avaient-ils, du fait que leur maître occupait
un rang plus ou moins élevé dans la société, eux-mêmes un
rang variable dans la classe des esclaves ? C'est ce que nous
ne pouvons dire. En tout cas, cela ne paraît pas dans le
L. A. et dans aucun des documents hébreux que nous étu-
-dions.

En résumé, dans la Babylonie comme en Israël, trois
classes, mais la deuxième apparaissant très différente dans
l'un et l'autre pays, et nous ne voyons pas quel rapport on
pourrait établir entre les *mouchkinou* de Babylone et les
étrangers (*ger*) d'Israël. De plus, pendant qu'en Babylonie
les trois classes nous apparaissent diversifiées avec des
droits et devoirs spéciaux pour certaines castes, en Israël
cette diversification n'existe pas, et nous avons le sentiment
d'être avec le C. H. dans une société arrivée à un stade plus
complet de son organisation que celle que représente le L. A.

§ 3. — L'organisation judiciaire

Pour plus de clarté, nous avons jugé à propos de scinder
ce paragraphe en trois sections, où nous étudierons successivement la personne légale du juge, la procédure judiciaire
et la pénalité.

a) **Le juge**

Pour le droit babylonien, un seul article, l'article 5, nous renseigne sur les devoirs et responsabilités du juge. Malheureusement, l'accord est loin d'être établi sur le sens de cet article. Nous nous trouvons en présence de deux versions assez sensiblement différentes pour que nous croyions à propos de les reproduire ici

1º Scheil et Johns lisent : « Si un juge a rendu une sentence, formulé une décision, libellé une tablette, si ensuite il a annulé cette sentence, on fera comparaître ce juge pour l'annulation de la sentence qu'il avait rendue, et, la revendication de ce procès, il l'acquittera douze fois, et publiquement ; on l'expulsera de son siège de justice ; il n'y retournera plus et ne siègera plus avec des juges dans un procès. »

2º Winckler traduit : « Si un juge a dirigé un procès, prononcé un jugement, libellé une sentence écrite, si ensuite ce procès est trouvé plein de fautes, si on a montré à ce juge une faute qu'il a faite dans le procès qu'il a dirigé, il acquittera douze fois la sentence qu'il avait prononcée, et publiquement on l'expulsera de son siège de justice ; il n'y retournera plus, et ne siègera plus comme juge dans un procés.

On le voit, ces deux versions sont assez divergentes. Nous ne sommes pas à même de donner actuellement une solution à la question que cette divergence soulève ; d'autre part, notre ignorance de la langue assyrienne nous empêche également de nous prononcer en faveur de l'une ou de l'autre de ces deux versions ou d'essayer nous-même une traduction personnelle. Toutefois, nous pouvons cependant déduire de cet article que le juge indigne par ignorance ou partialité d'exercer les fonctions afférentes à sa charge devait une compensation, et une compensation très large à ceux auxquels son erreur ou son injustice faisait tort ; de plus, un tel juge était chassé de la magistrature et privé du droit de juger, ce qui constituait une sérieuse garantie contre le retour possible de ses fautes et un exemple salutaire pour les autres juges.

C'est d'une façon beaucoup plus complète que le L. A. traite cette question. Mais, avant toutes choses, il nous faut justifier la traduction que nous avons faite du terme hébreu : *ha'elohim*. Ce terme signifie couramment Dieu ou les dieux. Nous le traduisons ici par juges : nous ne faisons que suivre sur ce point le commentaire allemand de Nowack, qui, au sujet de l'Exode **22** 7, s'exprime ainsi : « Ici, *elohim* vise la divinité, son sanctuaire où l'oracle des prêtres est demandé dans des cas semblables ; par cela, la divinité faisait connaître elle-même la décision. Il est par suite permis de donner au mot *elohim* le sens de juges. » Cette traduction admise, que trouvons-nous dans le L. A.? Le juge doit tout d'abord être respecté autant que le prince du peuple (Exode **22** 26) Mais le juge a pour devoir : 1° de ne pas favoriser le pauvre dans son procès (Exode **23** 3), mais aussi de ne pas lui être éfavorable (Exode **23** 6), c'est-à-dire de n'avoir, en jugeant aucune acception de personne ; 2° il doit se méfier de ceux qui lui font des présents (Exode **23** 8), car les présents pervertissent les paroles du juste et aveuglent les éclairés ; par là, le juge est mis en garde contre la corruption et la vénalité.

Seulement, après avoir mis les juges en garde contre deux pierres d'achoppement : la vénalité et la corruption, le L. A. ne nous dit rien sur la responsabilité du juge qui rend un mauvais jugement, et il ne nous paraît pas que les

documents I et E de l'Hexateuque s'en soient occupés.
Comment expliquer cette notable différence existant entre
le deux législations? Il faut se rendre compte de l'esprit
particulier ¡aux Israélites, surtout à l'époque primitive.
Qui était alors juge en Israël?C'était ou le prince ou le prêtre. Or l'un et l'autre étaient regardés comme des inspirés
de Iahveh, comme ses porte-parole. Surgissait-il une contestation, on se rendait au sanctuaire le plus proche, et là, on
exposait au prêtre le sujet de la contestation en le priant
de consulter son Dieu. Il en résultait que le prêtre, tout en
exerçant, en l'espèce, les fonctions de juge, restait l'homme
de Dieu, qui rendait, non pas sa sentence, mais la sentence
de Iahveh. Cette sentence était donc infaillible; l'attaquer,
c'était attaquer Iahveh lui-même; la mettre en doute, c'é-
tait douter de Iahveh. Il en résultait qu'une disposition
semblable à celle de l'art. 5 du C. H. était impossible à con-
cevoir pour le légiste hébreu ; Iahveh ne pouvait se tromper, son représentant pas davantage, et un tel article ne
pouvait être qu'une offense à Dieu, qu'on aurait alors considéré comme susceptible de se tromper ou d'être injuste,
et de ne pas rendre la justice par la bouche de ses serviteurs
et de ses oints. On voit combien se révèle profonde la différence d'esprit qui a inspiré les deux législations sur le point
que nous avons étudié ici.

b) La Procédure Judiciaire

En deux mots, nous pouvons donner dès l'abord une caractéristique pour notre comparaison : tandis qu'en Babylonie, la procédure apparaît déjà complexe, celle d'Israël
présente une simplicité extraordinaire.

Voici comment nous pouvons nous figurer la procédure
judiciaire babylonienne d'après le C. H.

Le juge intervenait de deux façons : ou bien sur la demande d'un plaignant, ou bien de sa propre autorité, en vertu des pouvoirs que lui conférait la loi ; un de ces cas se rencontre à l'article 177. Quand une affaire civile ou criminelle était engagée, le juge devait procéder à une enquête. Pour faire cette enquête et découvrir la vérité, deux moyens étaient à sa disposition : l'enquête par témoignage et l'ordalie. Les art. 3, 4, 7, 9-13, 106, 107, 122-124 nous instruisent sur le rôle, les devoirs et les droits des témoins: savoir : 1° le témoin était nécessaire pour qu'un achat ou un dépôt soit valable, quand il n'y avait pas de contrat (art. 7); 2° c'est sur les dires des témoins que le juge basait son jugement dans les affaires de contestation sur la propriété d'un objet (art. 11 et 13) ; 3° aussi au cas où les témoins requis par l'une ou l'autre partie n'étaient pas sur les lieux, le juge devait leur donner un délai pour qu'ils pussent se présenter et faire leurs dépositions (art. 13) ; 4° l'article 9 implique que dans certains cas, le témoin prêtait serment (parlait devant Dieu). Etait-ce toujours ? Nous ne saurions l'affirmer ; d'autres articles parlent cependant de la déposition des témoins sans mentionner qu'elle se fait devant Dieu: 6° Le faux témoin portait la peine du procès (art. 3 et 4).

On remarquera que les articles ayant trait au témoignage n'en parlent qu'au point de vue de ce que nous appellerions en France la justice civile. Le témoignage était-il aussi requis pour éclairer le juge dans les affaires de droit criminel? C'est ce que le C. H. ne nous dit pas ; cependant, il n'est pas invraisemblable qu'il en ait été ainsi.

L'ordalie, ou jugement de Dieu, paraît avoir été un moyen que le juge employait pour s'éclairer dans les affaires de droit criminel. Deux articles en parlent : les articles 2 et 132. Dans l'un et dans l'autre cas, il s'agit, pour un accusé de se soumettre à l'épreuve ordalique, afin de se laver d'une accusation de crime. Nous remarquons que chaque fois› l'ordalie indiquée est celle de l'eau : l'accusé se jetait dans le fleuve ; si le fleuve le gardait, il était coupable et devait mourir ; sinon, il était innocent,et on condamnait son accu⁻ sateur comme calomniateur. Il nous semble que la seule or-dalie indiquée dans le C.H.étant celle de l'eau, nous pou-vons supposer sans invraisemblance que sans être la seule, cette forme du jugement de Dieu était cependant la plus fré-quente en Babylonie.

Il y avait cependant des cas où le juge ne pouvait s'ap-puyer ni sur des témoignages,ni sur une ordalie pour rendre sa sentence. La procédure devenait alors très simple : dans certains cas (art. 23, 120, 126, 240), le serment fait par le plaignant suffisait à lui faire obtenir gain de cause, tandis que,dans d'autres cas (art. 20, 103, 131, 206, 249, 266), le serment du prévenu était suffisant pour faire tomber une accusation énoncée ou possible.

Telle est, dans ses grandes lignes, la procédure judiciaire telle qu'elle nous apparaît dans le C. H.

Dans l'ancien Israël, la procédure n'est pour ainsi dire pas indiquée ; dans le L. A., par deux fois seulement, il est statué que les contestants devront amener leurs témoins (Exode **22** 9 et **22** 12) ; par deux fois,il réprouve le faux té-moignage (Exode **23** 1-2). Enfin, **22** 10 nous présente un cas où il suffit à l'accusé de prêter serment devant Iahveh pour faire tomber une accusation. On le voit, la procédure israélite est loin d'être aussi riche que celle de Babylone. Nous voyons à cela deux raisons : 1° le caractère d'oracles divins inspirés de Iahveh accordé aux juges, simplifiait dans beaucoup de cas, la procédure à suivre dans les procès ; 2° d'autre part, nous aurons l'accasion de voir que,dans bien des cas,la coutume israélite, qui tenait lieu de loi et en avait la valeur, permettait aux Israélites d'arranger leurs affaires sans recourir aux juges; ainsi, par exemple,en cas d'assassinat,le plus proche parent de la victime devenait le vengeur du sang (*goël*) et, en dehors de toute juridiction, assumait le soin de punir le meurtrier.

c) La pénalité

Le C. H. présente un système pénal assez complet. Il a connu et sanctionné bon nombre de délits et de crimes.

Protégeant la vie et l'honneur des individus, il a réprimé les coups et blessures,partant,les querelles par les pénalités suivantes : 1° celui qui frappe un homme de condition supérieure est puni de soixante coups de nerf de bœuf (art. 202) ; 2° celui qui frappe son égal est, ou poursuivi pour subir une peine équivalente au mal qu'il a fait (loi du talion), d'après les art. 195, 196, 200, 210, ou obligé à un dédommagement pécuniaire en vertu des articles 203, 206, 207, 209 ; 3° celui qui frappe un homme de condition inférieure doit un dédommagement pécuniaire (art. 198, 199, 201, 204, 208, 211, 212, 213, 214) ou on lui coupe l'oreille (art. 205). Le meurtre prémédité est puni de mort (art. 153). La calomnie et la fausse accusation sont également réprimées : 1° une fausse accusation de vol entraîne la mort de l'accusateur (art.11) 2° la fausse accusation d'adultère formulée par un autre que par le mari entraîne,pour celui qui la formule,une marque infamante au front (art. 127) ; 3° le négociant qui accuse faussement son commis lui paie le sextuple du montant de l'accusation (art. 107). Enfin, le viol d'une femme est sanctionné par la mort du coupable (art. 130).

Légiférant sur la famille, le Code a édicté la peine de

mort contre la femme adultère et son complice (art. 129), a réprimé l'inceste ou les crimes contre les bonnes mœurs par le bannissement (art. 154), la mort par submersion (art. 155), le bûcher (art. 157) ou en arrachant le fils de la maison paternelle (art. 158). Les enfants rebelles sont châtiés suivant leurs crimes : ceux qui frappent leurs parents ont les mains coupées (art. 195) ; ceux qui renient leurs parents ont la langue coupée ou les yeux arrachés (art. 192-193) ; enfin, ceux qui, pour la deuxième fois commettaient une faute grave, pouvaient être arrachés de la filiation paternelle, c'est-à-dire reniés par leur père (art. 169). D'autre part, la nourrice qui laissait mourir son nourrisson avait les seins arrachés (art. 194), et le rapt d'enfant était puni de mort (art. 14).

La propriété était l'objet de nombreuses sanctions contre ceux qui y portaient atteinte. Le brigandage était puni de mort (art. 22) ; le vol était, suivant les cas, puni de mort (art. 6, 8, 9, 10, 25, 34) ou compensé par une indemnité pécuniaire payée par le voleur (art. 8, 259, 260) ; les fonctionnaires ne pouvaient se servir de l'autorité que leur donnaient leurs fonctions pour porter atteinte à la propriété d'autrui, cet abus de pouvoir était puni de mort (art. 34) ; dans les cas de vol avec effraction, le voleur était enterré face à la brèche (art. 21) ; la fraude et la malversation entraînaient pour le délinquant le remboursement plusieurs fois répété du dommage causé (art. 106, 112, 120, 124, 254, 255 et 265), et, si ce remboursement ne pouvait avoir lieu, le délinquant pouvait être réduit à l'état d'esclave (art. 256) ; le cultivateur qui, au lieu d'ensemencer le champ qui lui était confié, volait le grain de son maître avait les mains coupées (art. 253). Le recel était puni de mort (art. 7), de même la complicité dans l'évasion d'un esclave (art. 15 et 16) ; enfin, qui-

conque coupait un arbre sans la permission du propriétaire
était puni d'une indemnité pécuniaire assez lourde : une
demi-mine d'argent (art. 59). Plusieurs atteintes à la propriété que nous ne pouvons considérer,à proprement parler
comme des délits ou crimes, étaient sanctionnées: ce sont
les négligences et les mauvaises exécutions de travaux :
ainsi, le fermier négligent dans la culture des champs qu'il a
loués (art. 44, 62, 65), le propriétaire qui, n'entretenant pas
sa digue, inonde les champs voisins (art. 53-56), doivent
l'un et l'autre indemniser ceux auxquels ils ont fait tort,
sous peine d'être réduits en esclavage (art. 54) ; quant aux
sanctions professionnelles, nous voyons que le chirurgien
qui tue son malade a les mains coupées (art.218) si le malade
était un homme libre, ou bien rend esclave pour esclave
(art.219); l'architecte, le vétérinaire, le batelier indemnisent
pour les pertes matérielles qu'ils font subir (art. 224, 225,
232, 233, 235, 236, 238), et sont traités suivant la loi du talion,si des accidents se produisent par suite de la mauvaise
exécution de leurs ravaux (art. 239-231).

Enfin,le C. H. a eu souci de protéger les animaux domestiques contre la brutalité et les mauvais traitements
des hommes ; à cet effet, les art. 245-248 infligent des amen-
des à ceux qui maltraitent les animaux.

En résumé, la pénalité du C. H. paraît être : l'indemnité
équivalente, l'amende couvrant plusieurs fois le dommage
causé, la réduction en esclavage, la mutilation, laquelle
s'effectuait de préférence sur le membre ou l'organe considéré comme coupable, et la mort (submersion, pendaison
ou incinération vive). Le principe de cette pénalité est généralement celui de l'équivalence ; c'est la loi du talion,ainsi
qu'en témoignent les articles 3, 4, 116, 127, 136, 196, 197,
200, 202, 210, 219, 229, 230, 231, 245, 263.

La lecture du L. A. nous frappe par de notables différences : d'abord, il connaît beaucoup moins de crimes et
délits que le C. H. En suivant l'ordre dans lequel nous avons
traité la pénalité dans le C. H, nous trouvons que le L. A
n'établit pas de distinction pour les cas où, dans les querelle
les adversaires étaient ou n'étaient pas de même condition
sociale : il décrète la mort de celui qui tue volontairement
son prochain ; mais il assure des lieux de refuge pour l'homme coupable d'homicide par imprudence (Exode, **21** 12-14) ;
nous aurons ultérieurement l'occasion de revenir sur cette
dernière disposition, spéciale au droit israélite ; en outre
celui qui blesse son prochain doit prendre soin de lui (Exode
21 18-19). Pour protéger l'honneur, le L. A. défend la calomnie, mais sans infliger de punition au ca'omniateur
(Exode, **23**, 1-2). Le viol n'est pas même ment'onné dans le
L. A., et il nous faut chercher dans Genèse **434** la sanction
de ce crime qui paraît avoir été la mort. Mutisme également
sur l'adultère et l'inceste. A la différence du C. H., le L. A
paraît avoir ignoré le vol d'enfant, mais il édicte la peine
de mort contre celui qui vole un homme (Exode **21** 16).
Les enfants rebelles qui frappent ou maudissent leurs parents sont mis à mort (Exode **21** 15 et 17). Le vol n'est
jamais puni de mort, quelle qu'en soit la forme, mais d'une
compensation équivalant à plusieurs fois le dommage
causé. Le recel n'est pas mentionné. L'incendiaire doit payer les dégâts causés par l'incendie, mais les responsabilités
professionnelles n'xistent pas. Enfin, la protection des animaux est prévue en Exode **23** 5, mais d'un tout autre point
de vue que celui du C. H ; il s'agit, en effet, non de défendre
es mauvais tra'tements, mais de secourir et de relever l'ani-
m al qui succombe sous le faix ; quant au point de vue du
C. H., il n'est même pas mentionné.

Il est intéressant de noter que le L. A. connaît trois méfaits que le C. H. paraît avoir ignorés : 1º l'oppression des veuves et des orphelins, qu'il punit de mort (Exode, **22** 21-23) ; 2º l'oppression des étrangers, qu'il défend, sans toutefois édicter de sanction (Exode **22** 20 et **23** 9) ; 3º la protection de l'esclave contre les mauvais traitements de son maître : l'homme qui tue son esclave sur le coup est punissable, mais la punition à infliger n'est pas indiquée (Exode **21** 20); l'homme qui blesse un esclave, soit qu'il lui crève un œil, soit qu'il l'édente, perd ses droits sur lui ; l'esclave devient libre (Exode **21**, 23-26).

En résumé, l'indemnité pécuniaire et la peine de mort paraissent être les seules pénalités connues par le législateur hébreu. Il est à remarquer que, contrairement à ce qui a lieu dans le C. H., certains crimes et délits sont spécifiés, sans que la sanction à leur donner soit indiquée. Enfin, comme dans le C. H, le principe de la pénalité est la loi du talion formulée en Exode **21** 23.

§ 4. — Conclusion à ce chapitre

L'étude comparée que nous venons de faire de l'organisation sociale et judiciaire dans l'ancien Israël et en Babylonie aboutit aux mêmes résultats que celles que nous avons poursuivies précédemment sur la famille et la propriété. Nous nous trouvons de nouveau en présence de deux états de choses profondément différents; il en résulte un droit social et une organisation judiciaire dissemblables. L'esprit qui a animé les deux législateurs apparaît également tout autre, selon qu'on étudie le C. H. ou le L. A. D'autre part, le code hébreu présente, si on le compare à celui de Babylone, des lacunes inexplicables, dès que l'on veut admettre un lien de dépendance du premier à l'égar du second. Ainsi, pourquoi le viol n'est-il pas mentionné, puisqu'il s'en présentait des cas en Israël ? L'adultère et l'inceste sont l'objet d'ordonnances dans les législations postérieures dues à D et à P ; ils existaient donc parmi les Hébreux: il serait étrange que le légiste hébreu se soit inspiré du C. H. et n'ait rien dit de ces deux crimes contre les mœurs. Une autre question se pose au sujet des crimes et délits que spécifie le L. A, mais dont il ne donne pas la sanction, bien que nous pensions revenir sur ce point dans notre prochain chapitre ; il nous semble cependant difficile d'admettre qu'un codificateur hébreu inspiré du C. H. n'ait pas pris soin d'édicter la peine encourue, chaque fois qu'il indiquait un crime ou un délit, car le C. H., sur ce point, est invariable : il ne s'y trouve pas un article sans sanction.

Une fois de plus, nous affirmons notre conviction que le Code hébreu est indépendant du code babylonien, et qu'il est en réalité quelque chose d'autre.

CHAPITRE VII

QUESTIONS DIVERSES

Nous avons réuni ici diverses questions que nous n'a-
vons pas traitées au cours des chapitres précédents, afin de
ne pas rompre par des digressions trop considérables l'enchaînement de notre exposé.

Tout d'abord, nous avons constaté à maintes reprises
des lacunes dans le L. A., qui ne se comprendraient pas d'un
légiste ayant eu une connaissance plus ou moins étendue
du C. H., mais ces lacunes, nous ne les avons pas expliquées ;
il nous faut cependant en rechercher les causes : c'est ce que
nous essayerons dans un premier paragraphe.

Une deuxième question qui devra nous occuper est celle
de rechercher l'esprit dans lequel ont été conçues les deux
législations et à quels besoins elles répondent.

§ 1. — Les lacunes du L. A. et le droit coutumier

Comment expliquer que le légiste hébreu n'ait pas spécifié dans son essai de codification, certains crimes ou délits
qui cependant se produisaient en Israël, et pour lesquels
il devait y avoir une sanction ? Pourquoi, en d'autres cas,
la sanction manque-t-elle ? Et, en justice civile, quel motif
donner au mutisme du législateur sur le jugement à inter-
venir dans nombre de contestations qui devaient exister
en Israël tout comme en Babylonie ? A notre sens, une seule

explication est possible : l'existence, à côté de ce droit primitif écrit dont le L. A. est le représentant, d'un droit coutumier complet dont notre document ne serait qu'une partie.

Est-ce là simple hypothèse ou réalité ? Y avait-il en Israël un droit coutumier ? Pour nous en rendre compte, prenons quelques exemples, d'ailleurs déjà cités à d'autres fins dans le cours de ce travail.

Comment s'épousait-on ? Telle est la première question que nous avons eu à résoudre en parlant de la famille. Nous avons dû constater, sur ce point, le mutisme presque absolu du L. A. Pour savoir qui décidait des fiancailles, nous avons trouvé nos renseignements en Genèse **24** ; c'est grâce à Genèse **24** 53 et **29** que nous avons pu avoir des données sur les échanges de biens qui accompagnaient les fiançailles. Quant à la question du concubinage, nous ne l'avons élucidée que par des données, des récits de la Genèse. Pour régler la question des droits des parents sur les enfants, nous avons dû faire appel à Genèse **22** et au récit contenu dans Juges **11** 30-40. Pour les cas d'adoption, tous nos exemples proviennent également de sources autres que le L. A. Nous pourrions reprenant à la suite les différents points de notre travail, constater aussi que très souvent nous avons pu suppléer aux lacunes du L. A., grâce aux renseignements que nous fournissaient les parties narratives des sources I et E. Or il est bon de remarquer que, dans les cas où nous avons fait de telles citations, la solution donnée à une contestation, la sanction intervenue à la suite d'une mauvaise action, le châtiment infligé à un coupable, tout en n'ayant rien de juridique ni de légal, n'en paraissent pas moins légitimes au narrateur ; il n'a aucune objection à formuler; on sent que la chose est normale, qu'il y a là une coutume qui règle les choses et dont on ne s'écarte pas. Ce point de vue se trouve d'ailleurs confirmé par l'exemple suivant : en Genèse **34** nous voyons les fils de Jacob venger le viol de leur sœur Dina en tuant le coupable ; Jacob, à ce sujet, leur adresse des observations et des reproches ; à cela ils répondent « Traitera-t-on notre sœur comme une prostituée ? » Il semble évident que nous nous trouvons en présence d'un droit exercé par ces jeunes hommes: leur sœur a été déshonorée; il leur semble tout naturel de tuer le coupable; et le narrateur qui prend soin de rapporter les paroles du père (Jacob) trouve la raison des frères de Dina, suffisante car c'est sur leur réponse que se termine le récit. Ce droit de vengeance exercé par les proches parents de l'offensé est connu sous le nom de droit du *goël* (vengeur du sang). Nous en dirons ici un mot, parce qu'il nous révélera pleinement l'existence du droit coutumier en Israël.

Goël signifie exactement en hébreu « celui qui rachète »; c'est le parent qui a le droit de prendre en main les droits d'un homme ; c'était, par conséquent, le plus proche parent, et, si l'homme dont il s'agit avait été tué, le *goël*, en prenant en main sa cause, devenait le vengeur du sang. Le principe dont l'institution du *goël* est l'expression est le désir de conserver la propriété — ou, plus exactement, les droits — de la famille intacts;, et le *goël had'dam*, ou vengeur du sang, est une application du même principe : le *goël had'dam* est celui qui revendique les droits de celui dont le sang a été répandu injustement ; par un antique usage, ce soin était dévolu aux membres de la famille ou du clan de l'homme tué (cf. 2 Sam. **14** 7), mais naturellement, la responsabilité de faire justice du meurtre était plus forte chez le plus proche parent qui devenait le *goêl had'dam*.

Cet usage est une manière de faire propre aux primitives ou semi-primitives sociétés. Dans une société complètement civilisée, le droit de punir le meurtre et autres crimes est assuré par l'Etat; à la vengeance, qui peut être le résultat d'un moment de passion est substitué le jugement d'un tribunal calme et impartial. Dans une société primitive néanmoins le cas est différent : ce que le meurtrier avait à craindre, ce n'était pas un procès public, mais la vengeance personnelle des parents de sa victime. La loi hébraïque est un stade intermédiaire. Déjà, le L. A. (Exode, **21** 12-14) établit la distinction entre l'homicide intentionnel et l'homicide involontaire et l'importance de cette distinction se retrouve accentuée dans les codes suivants. (Deutéronome, **19** 1-13. Nombres, **34**, 9-34.) Le *goël*, néanmoins, et non pas l'Etat exécute encore la justice à l'égard du meurtrier (2 Samuel **14**, 7-11, Deutéronome, **19**, 12 et Nombres **35**, 19, 21, 27): d'un autre côté, son autorité est limitée : les autels de Iahveh, dans l'Exode, les cités de refuge, dans D et P, sont désignés comme étant les lieux où l'homicide est en sécurité contre la vengeance du *goël*. Dans ce cas, le meurtrier appartient à l'Etat avant d'appartenir aux parents du mort, et, s'il donne des explications satisfaisantes, les chefs de la cité de refuge le prennent sous leur protection.

Que résulte-t-il de cette rapide esquisse ? A notre sens, que le *goël* nous révèle l'existence d'un droit coutumier en dehors de la loi écrite. De plus, ce droit coutumier a subsisté longtemps, puisque nous en retrouvons les traces dans les législations postérieures, propres à D et P. Ceci confirme donc nos assertions précédentes sur l'existence de ce droit coutumier non écrit et transmis par tradition orale. C'est là qu'à notre sens, il faut chercher l'explication des nombreuses lacunes du L. A., dont nous avons signalé un nombre assez considérable dans cette étude.

Nous avons signalé lors de la comparaison de nos deux documents, un parallélisme sur lequel il nous faut revenir maintenant. D'où vient ce parallélisme, quelle explication en donner ? Telle est la question qu'il nous faut résoudre, dès l'instant où nous rejetons l'hypothèse d'un dépendance entre le L. A. et le C. H. Cette solution, nous croyons l'avoir trouvée dans la brochure du professeur Dr H. Muller, de Vienne, publiée en 1904 sous le titre « *Uber die Gesetze Hammurabis* », dont nous adoptons pleinement le point de vue. Voici, brièvement exposé, le contenu de cette brochure :

« La loi de Hammurabi contient 282 paragraphes, suivis d'un épilogue. Y a-t-il un système voulu, ou n'est-ce qu'une collection, un recueil de décisions ?. On peut diviser le C. H. en trois parties : au centre, un droit familial très complet (art. 127-193, conçu systématiquement, les articles se suivant naturellement ; ensuite, 126 articles précédant le droit familial, où les articles 1-47 se suivent normalement, mais la suite (art. 48-126) ne s'accorde ni avec ce qui précède, ni avec ce qui suit; enfin, une série d'articles suivant le droit-familial (art. 194-282), à laquelle on peut appliquer la même observation. Dans la première partie (art. 1-26), nous trouvons : 1° une mélange de droit criminel et de droit civil ; 2° un mélange de lois primitives et de lois compliquées. Il y a des prescriptions qui supposent une organisation développée et une civilisation avancée. La troisième partie du Code (art. 194-282) prête à la même réflexion : voyez, par exemple, à côté de la loi du talion, de la location des bêtes, du bœuf dangereux, du berger, les prescriptions sur la responsabilité du médecin, du vétérinaire, du constructeur de bateaux et du batelier. Ceci nous amène à trouver dans les prescriptions les plus simples du C. H. la trace d'un droit

primitif antérieur. Si nous admettons ce droit primitif transmis oralement, puis codifié par écrit, on comprend que le
codificateur a trouvédans l'ancienne tradition un fil qu'il n'a
pas pu quitter. A côté de cet ordre de matière s'ajouta le
système des classes : entre la cour et l'esclave, il fallut inter-
caler toute la hiérarchie sociale. Enfin,un troisième élément
de la composition du receuil fut l'association des idées.

Cependant, l'existence d'un droit primitif antérieur au
C. H. n'est qu'une hypothèse qu'il nous faut vérifier. Pour
cela, une lumière importante nous est donnée par le I.A.
En relisant le parallélisme établi au chapitre III § 3, on peut
voir que l'ordre des points communs aux deux codes n'est
pas sensiblement différent; de plus,certains cas compliqués
présentent la même suite. De ces ressemblances, D. H. Muller ne conclut pas à la dépendance des deux législations,
car il montre que les points communs qu'elles ont se re-
trouvent,et dans un ordre à peu près identique, abstraction
faite des modifications répondant à des situations nouvelles
dans l'antique droit romain qui nous est connu par les
« *Douze tables* ». Or,les données historiques que nous possédons ne permettent pas d'établir une dépendance des lois
romaines à l'égard de celles de Babylone.L'explication qui
s'impose en présence de ce parallélisme, non plus de deux
mais de trois droits d'époques si différentes et répondant
aux besoins de races si diverses, c'est l'existence d'un droit
antérieur, primitif, non écrit qui a servi de fil conducteur
aux premiers codificateurs, tant des droits babylonien et
hébreu que du droit romain.

Ainsi, et c'est ici la conclusion qui nous intéresse parce
qu'elle explique les ressemblances entre le C. H. et le I. A.
pour le professeur viennois, pas de dépendance entre les deux
législations que nous avons étudiées, mais leur dépendance

commune a une souche primitive qui en explique les ressemblances, et l'indépendance des législateurs qui, chacun
de leur côté, ont retravaillé ce droit primitif, le modifiant
plus ou moins pour l'adapter aux nécessités de la société
dans laquelle ils vivaient.

Ce droit primitif, quel est-il ? Muller l'a, dans son étude,
rétabli comme suit :

A. Vol de choses, vol d'homme, effraction.

B. Incendie, droit de pâturage, abatage d'arbres.

C. Dépôts, location de bétail, berger.

Que l'on veuille bien considérer qu'il vise deux choses :
défendre la propriété et régler le droit agricole. Or, dès
l'origine, l'élevage et le pâturage furent les premières occu-
pations de toute société humaine ; comme la question de la
propriété, la distinction du mien et du tien en fu t la première préoccupation. Il nous semble donc que ce droit primitif
et archétype du droit statué par Muller, n'était autre que
le droit naturel, et qu'il se retrouve à la base de toute société
en formation, persistant souvent longtemps après que la
société s'est organisée; preuve en soit le principe du talion,
que nous trouvons exprimé aussi bien dans le C. H.
représentant une législation qui s'adresse à un peuple
de civilisation avancée, que dans le L. A. témoin d'une
législation s'adressant à une société plus primitive.

Ainsi, l'hypothèse que soutient le professeur viennois
et que nous reprenons pour notre compte, nous paraît
rendre pleinement compte des essemblances qui existent
entre le C. H. et le L. A. sans qu'il soit nécessaire de
recourir à la dépendance du second à l'égard du premier.

Une question reste à examiner avant de conclure ; elle
fera l'objet du paragraphe suivant

§ 2. — Les besoins auxquels répondaient les deux Législations

Profondément différentes sont les deux sociétés dont nous nous occupons. Tandis que la Babylonie, sous le règne long et glorieux d'Hammourabi, a pu s'organiser solidement, l'Israël du L. A. est encore l'Israël des luttes intérieures contre les Cananéens encore remuants ; le temps n'est pas encore loin, et même peut-on dire qu'il est passé, de cette longue période dont le livre des Juges nous a conservé tant d'échos, période de transition s'il en fut, et où, suivant la parole biblique, « chacun faisait ce qui lui semblait bon ». (Juges **21** 25.)

La Babylonie organisée comptant de longs siècles de traditions, le pouvoir civil fortements constitué sous le sceptre d'un roi actif et énergique, il était alors possible de recueillir ces traditions, de les coordonner et d'en faire un code tel que celui dont l'original fut retrouvé par la mission de Morgan. Au contraire, le législateur hébreu se trouvait en présence d'un réel état d'anarchie; il ne pouvait donc que se borner à faire un timide essai, s'arrêtant aux choses essentielles, et encore en omit-il un bon nombre.

Pour exprimer d'un mot la différence qu'ici nous marquons entre les deux codes qui ont fait l'objet de cette thèse, nous dirons que le L. A est un commencement, tandis que le C. H. est un terme. La société israélite tout entière s'organise, et, au fur et à mesure que des progrès se manifesteront dans son organisation des additions nouvelles viendront enrichir on Code primitif contenu dans Le L. A. La société babylonienne est organisée fortement, et, pendant de longs siècles, le C H. gardera force de loi.

La société de Babylone avait dans son roi une autorité indiscutée. Aussi sa législation s'en ressent-elle. Sans doute, il a dû y avoir en Babylon'e une législation relig'euse ; mai : elle n'est pas dans le C. H., et ce qui est frappant, c'est le caractère laïque de ce document. Il y a bien, dans la préface et la postface toute une série d'invocations e: d'imprécations aux divinités babyloniennes, les premières en faveur de ceux qui obéiront à la loi édictée par Hammourabi, les secondes contre ceux qui la mépriseront ; mais il res:e que le code lui-même a pour garant l'au'orité toute aïque du juge qui applique la loi, laquelle vient du roi Il en va tout autrement en Israël : pas de pouvoir central, pas d'autorité indiscutée; il y a eu des murmures contre Moïse et Josué; il y a eu aussi des défections, voire même des révoltes contre les Juges. (Cf . le Cantique de Débora dans Juges 5.) Où donc est l'autorité qui sanctionnera les ordonnances du légiste et leur donnera force de loi. Elle n'est pas sur la terre, et c'est le sens religieux de l'écrivain israélite, qui va chercher dans le ciel l'autorité qui lui manque. C'est Iahveh qui est le garant et le défenseur de la loi ; et le contraste est frappant entre l'esprit laïque du C. H. ou mieux son esprit areligieux et l'esprit religieux qui se retrouve dans le L. A. Qu'on se réfère, en particulier, aux ordonnances où le législateur n'a exprimé aucune sanction ; on y trouvera à plusieurs reprises cet appel à l'autorité de Iahveh (Cf. Exode **22** 23-24, 27), où il est rappelé ce que Iahveh a fait pour le peuple (Exode **22** 21 **23** 9.) Il y a là certainement les indices d'un esprit différent qui nous empêche de faire du L. A. une dépendance du C. H.

Telles sont les deux questions que nous avons voulu esquisser avant d'arrivr à la conclusion de cette étude.

Cette conclusion, à notre sens, est très claire et peut se

formuler très brièvement : l'étude à laquelle nous venons de
nous livrer a, loin de la diminuer, renforcé la conclusion
que nous avons déjà exprimée : pour nous, il nous semble de
plus en plus évident que le droit babylonien représenté
par le document mis à jour par la mission de Morgan n'a
guère eu d'influence sur l'ancien droit israélite. Sans doute,
ici, nous ne nous sommes pas trouvé en présence d'un fait.
aussi considérable que dans le chapitre précédent, à savoir,
le rôle famlial de la femme dans l'une et l'autre législation
Mais nous avons pu voir que, là où nos deux codes semblaiet traiter les mêmes cas, il y avait généralement, quand
nous allions au fond des choses, des divergences trop considérables pour que l'on puisse statuer une dépendance quel
conque entre les deux droits. De plus, nous avons vu qu'il
y avait des lacunes dans le L. A. quand nous le comparions
au C.H., qui seraient évidemment inexplicables si l'auteur
du premier avait connu le second, sinon théoriquement, du
moins pratiquement. Ces lacunes, au contraire, s'expliquent
très bien, si nous admettons que le codificateur hébreu igno-
rait le droit babylonien, elles s'expliquent tout à fait si nous
admettons l'hypothèse déjà émise précédemment, et d'après
laquelle, indépendamment du C. H., et vraisemblablement,
de toute connaissance du droit babylonien, l'auteur du L. A.
a formulé purement et simplement dans un premier essai
le droit coutumier d'Israël en faisant entrer dans son code
tous les cas qui se sont présentés à son esprit, laissant à ceux
qui le suivraient le soin de continuer son œuvre et de la compléter, ce à quoi ils n'ont d'ailleurs pas manqué, si l'on en
juge par les parties législatives propres à D et à P.

En définitive, à la fin de ce chapitre, nous maintenons
nos premières conclusions.

CONCLUSION

Comme nous le disions en commençant cette tude, la
découverte du C. H. avait remis au premier plan de l'assyriologie et de la critique biblique la question des rapports
entre Babyloniens et Israélites. Cette question pose pour le
théologien, et surtout pour le futur pasteur, un problème
intéressant : il s'agit de savoir si l'opinion des panbabylonistes est vraie, et si la Bible n'est, à tout prendre, qu'un
livre présentant de seconde main, bien que sous un jour
spécial, des traditions empruntées à la Babylonie, ou bien
si, au contraire, la Bible reste, malgré les découvertes archéologiques, le livre original auquel nous pouvons continuer à
réserver une place à part. Pour traiter cette question, le
champ était vaste, nous avons dû limiter notre sujet, et nous
borner pour l'instant à une étude de droit comparé. Pour cela
nous avons justifié l'emploi de nos documents : d'une part
le C. H. et d'autre part le L. A. avec de renseignements com-
plémentaires sur le droit israélite primitif puisés aux sources
I et E de l'Hexateuque.

Au cours de notre étude, nous avons surtout insisté sur
les divergences entre les deux Codes ; ces divergences, les
lacunes que nous avons constatées dans le L. A. comparé au
C. H., d'autre part les dispositions propres au premier et
qui n'ont pas d'équivalent dans le second nous ont permis
d'adopter le point de vue d'une originalité du L. A., indépendant du C. H. Cependant, nous avons, en notre chapitre
III, § 3, établi, dans les préoccupations propres aux auteurs
de nos deux législations un droit primitif commun au

C. H. et au L. A., et qui répohd encore aujourd'hui remarquablement à la tendance naturelle du cœur humain, malgré l'acquis de longs siècles de civilisation et malgré dix-neuf siècles de christianisme.

Nos conclusions dernières seront donc les suivantes :

1º Indépendance du L. A. par rapport au C. H. ;

2º Ressemblance des deux documents, expliquées par un droit primitif voisin du droit naturel, sinon le droit naturel lui-même ;

3º Que la découverte du C. H. n'a apporté, par conséquent, aucun argument nouveau en faveur de l'inspiration babylonienne de la Bible ou contre son originalité, du moins quant aux parties anciennes que nous avons étudiées.

4º Qu'il y aurait lieu de rechercher (mais nous donnons ici une indication, car ceci déborde notre sujet) si les partisans de l'inspiration babylonienne n'auraient pas raison quant aux parties législatives plus récentes dues à P et à D. En d'autres termes, cette étude en appellerait maintenant une autre, où seraient suivis les développements successifs du droit israélite en déterminant exactement l'origine de chaque loi ou prescription nouvelle.

www.ingramcontent.com/pod-product-compliance
Ingram Content Group UK Ltd.
Pitfield, Milton Keynes, MK11 3LW, UK
UKHW020909120726
13693UKWH00003B/964